4つの原則 で極める！

身体を痛めない介護術

岡田慎一郎 著

中央法規

はじめに

もう答え探しはやめにしよう

　講習会などで、「利用者の重度化が進んでいるため、介護技術がうまくできない」という質問をよく受けます。そのようなときは、利用者の状態やふだんの介助方法について情報収集し、「私だったらこのように行います」とやって見せた後に、本人にもやってもらいます。すると、「これはできそうだ！」と本人の期待感も膨らみます。しかし、実際に現場で試すと、講習会のときのようにはうまくいかず、「あれは講習会用の技術で、現場では使えない」という声が寄せられることも少なくありません。

　また、現場で利用者に協力してもらって技術の改善指導をしたとしても、すぐにはうまくいかず、「あれは、岡田だけが使える特別な技術だ」と言われたこともあります。

　質問者に共通することは、困難な状況をすぐに改善できる技術を探していることです。つまり、介護技術のその場、その場での「答え」を求めているのです。

　私も、介護技術の「答え」を求めていた時期がありました。しかし、残念ながら、刻々と変化していく利用者や現場の状況にぴたりと合った究極の介護技術はどこにもなかったのです。それに気づいたことで、答え探しに奔走した日々は終わりました。そして、現実的に、自ら技術を工夫し、改善し、つくり出すということをめざすようになったのです。それができれば、「答え」を出すことはできなくても、「答え」に近づくことはできるようになり、介護技術のレベルアップがはかれるようになります。

介護技術はスマートフォンだ!?

　それでは、自ら介護技術を工夫し、改善し、つくり出すためには、何をすればよいのでしょうか。そのヒントは、みなさんが毎日使っているスマートフォンにあります。実は、介護技術はスマートフォンに似ています。もちろん、見た目ではなく、仕組みが、です。

　スマートフォンは、どんなによいアプリがあっても、OS（オペレーションシステム）が古いままだと、アプリがうまく機能しません。そこで、OSをバージョンアップすると、アプリもよく機能するようになります。

　介護技術にあてはめて考えてみると、介護技術はアプリの一種です。では、アプリを

動かすOSは何かといえば、自分自身の身体動作です。介護技術のベースとなる、身体動作が適切に行えなければ、介護技術もうまく機能しません。逆に、ベースとなる身体動作がしっかりしていれば、おのずと介護技術のレベルも向上します。

　そもそも介護技術とは、自ら合理的な動きをすることがむずかしくなった人に、合理的な身体動作ができるように支援することです。介助者自身が合理的な身体動作（OS）をもたないまま、介護技術というアプリを活用しようとしても、うまくいかないのは当然のことです。しかし、適切に身体の動作（OS）をバージョンアップするという視点があれば、これまでみなさんが培ってきた介護技術というアプリは、これまで以上に機能的に活用できるようになるでしょう。

4原則で技術をつくり出す

　具体的な技術を向上させる戦略のポイントは大きく分けると2つだけです。

> 1　合理的な動作ができる身体づくり
> 2　すべての技術に活用できる4原則の徹底（踏みしめない、「手のひら返し」で抱える、骨盤を低くする、一体化する）

　身体づくりといっても、筋力トレーニングをするわけではありません。立つ、座るなどの基本動作が正確にできるようになることをめざします。「なんて地味なんだろう…」と思うかもしれません。しかし、これらができるようになることで、介助者の身体的なベースができるだけでなく、利用者の動きを正確に分析し、動きの「先読み」ができるようになることで、技術の向上をめざせるようになるのです。

　4原則は、すべての介護技術に共通して含まれているコツです。これは介護技術のテキストや研修などで習う「ボディメカニクスの8つの原則」を、半分の4つにまとめ、実践的に使えるようにしたものです。4原則を活用することで、技術の弱点がすぐに見つかり、改善しやすくなります。そして、新たな技術をつくり出すときの土台にもなります。

　この2つのポイントを実践で活かすには、適切な練習が必要です。本書では、あえて、現場での困難事例を取り上げ、4原則の徹底に取り組んでいきます。全介助が必要な利用者に対する介護技術を行うためには、正確な基本動作を引き出す必要性があります。そして、安定した介護技術を提供できる介助者の身体動作も同時に必要になってき

ます。

　重度の利用者に対して、力任せではなく、合理的な動きを引き出す介護技術が提供できれば、ある程度、動くことのできる、軽度の利用者の介護技術も、より精度が高まります。重度の利用者への介護技術を磨くのは、マラソンの高地トレーニングのようであり、軽度の利用者への介護技術は、低地で走ることに似ています。高地から低地に降りた後は楽に走ることができるのと同じように、重度の利用者を想定して培った技術や動きを、軽度の利用者への介護にも活かすという発想をすると、幅広い対象に対応できるようになります。

　こうした取り組みを続けることで、いつしか、その場、その場で「答え探し」をするという受け身の姿勢はなくなり、自ら技術を工夫し、改善し、創造する、積極的な姿勢になってくるのではないでしょうか。

　そして、介護の可能性をひらく一端を、介護技術の側面から担うことができるのではないかと、考えてやみません。

2021年6月　　　岡田慎一郎

目 次

はじめに

第 1 部 「介護」をする 身体のつくり方・使い方の基本

1 介護を行うための身体づくりとは ……………………………… 8

1）身体を痛める原因 ……………………………… 8

2）介護技術の基盤となる、動ける身体づくり ……………… 11

2 介護を行うための身体づくりの基本 …………………………… 16

1）下半身 ―介護技術の土台 ……………………………… 16

2）上半身 ―人や物との接触点 ……………………… 25

3）体幹 ―上半身と下半身の連結部 ……………… 31

4）全身の連動性を高める ……………………………… 37

3 身体の使い方の基本 ………………………………………… 39

1）いすから立ち上がる ……………………………… 40

2）いすに座る ……………………………………… 42

3）床から立ち上がる ……………………………… 44

4）床に座る ……………………………………… 46

第 2 部 「介護」に活かす、 無理のない身体の使い方

1 ボディメカニクスの検証 …………………………………… 50

1）支持基底面を広くとり、重心を低くする ……………… 50

2）重心を意識する（近づける、低くする） 52

3）大きな筋群を使う 54

4）小さくまとめる 56

5）押すよりも引く 57

6）重心移動で動かす 58

7）身体をひねらない 59

8）「てこの原理」を活用する 60

2 身体の使い方の4原則 62

1）原則1：踏みしめない 63

2）原則2：「手のひら返し」で抱える 64

3）原則3：骨盤を低くする 70

4）原則4：一体化する 75

第 3 部　「身体の使い方の4原則」の活用方法

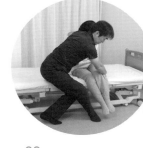

1 寝返り、起き上がり、ベッド上での移動の介助 82

1）起き上がりの介助 82

2）起き上がりの介助（ベッドに膝をつく方法） 85

3）床からの起き上がりの介助 87

4）ベッド上での移動の介助（下から上） 90

5）ベッド上での座位を整える介助 92

2 立ち上がり、座り動作の介助 95

1）立ち上がりの介助（片麻痺のある人） 95

2）床からの立ち上がりの介助（後方に引く方法） 97

　　３）床からの立ち上がりの介助（かかとを支点にする方法）…………………… 100

　　４）床からの立ち上がりの介助（利用者の片膝を立てる方法）…………………… 102

　　５）ベッドへの座り動作の介助 ………………………………………………………… 105

　　６）車いすへの座り動作の介助 ………………………………………………………… 107

３　移乗の介助 …………………………………………………………………………… 110

　　１）ベッドから車いすへの移乗（ベッドに座って行う方法）…………………… 110

　　２）車いすからベッドへの移乗（ベッドに座って行う方法）…………………… 112

　　３）車いすからベッドへの移乗（床に膝をつく方法）…………………………… 115

　　４）床からいすへの移乗 ……………………………………………………………… 117

４　二人でベッドや床から抱え上げる介助 …………………………… 120

　　１）ベッドからの抱え上げ（二人介助）…………………………………………… 120

　　２）床からベッドへの移乗（二人介助）…………………………………………… 122

著者紹介

第 1 部

「介護」をする身体のつくり方・使い方の基本

1 介護を行うための身体づくりとは

2 介護を行うための身体づくりの基本

3 身体の使い方の基本

介護を行うための身体づくりとは

1

これまで、多くの介護現場を見てきましたが、介護職はもちろん、介護にかかわるすべての人に共通する介護技術の悩みは、次の2つに絞られると感じています。

① 日々の介護で身体を痛めてしまう
② 重度の利用者の介助がむずかしい

この2つの悩みは、いずれも介助者の「身体の動き」「身体の使い方」の問題といえます。介護職に必要な身体づくりについて解説する前に、なぜ、介護で身体を痛めてしまうのか、なぜ、重度の利用者の介助がむずかしいのか、その共通する原因を考えてみましょう。

1）身体を痛める原因

介護職が身体を痛めてしまうというのは、いつの時代でも変わらず、まるで「永遠の悩み」や「職業病」のように考えられています。介護とは身体を痛めながら行うものというイメージは、変わらないどころか、利用者の重度化に伴って、近年、ますます強くなっている印象です。

介護職のみなさんは、腰痛にならないために、身体を痛めないために、どのようなことをしていますか。毎日、ラジオ体操やストレッチをしている人、筋力トレーニングに励んでいる人など、さまざまだと思います。体操やストレッチ、筋力トレーニングも有効だとは思いますが、根本的な解決には至っていないのではないでしょうか。

介護技術の講習会や現場に出向いて行う研修などでは、重度の利用者の介助方法を教えてほしいというニーズが圧倒的に多いと感じます。たとえば、「全身の拘縮が強い人の移乗の介助では、二人で抱えても負担が大きいのでどうしたらよいか」「立ち上がることがむずかしい人の床から車いすへの移乗はどうしたらよいか」などです。

このような質問を受けた際は、現場の環境と利用者の状態をふまえて、「私だったら

このように行います」と、その場で介助方法を考え、組み立てて紹介します。ところが「先生と同じ手順でやってみたのに、できません」と困惑されてしまうことも少なくありません。

　「介護技術」というのは、きちんと手順をふまえていればできると思っている人が少なくないように思います。しかし、技術以前の「動ける身体づくり」ができていなければ、手順どおりに行っても思うような介助はできません。「動ける身体」ができていない状態で、無理に手順どおりに、テキストの写真どおりに行おうとすると、腰や肩、膝などの局所に負荷がかかり、結果として身体を痛めてしまうことになるのです。

　たとえば、介助を行う際には「腰を低くすると安定する」といわれます。腰は高いより低いほうが安定するということは、だれもがわかっているのですが、実際に腰を低くして構えることができるかどうか、介助の動作ができる実用的な足腰の状態とはどのようなものかなど、介護技術の土台としての「身体づくり」について意識している人は少ないのではないでしょうか。

さまざまなスポーツや武道、ダンス、楽器の演奏など、分野を問わず身体を使う人は、技術を磨く前の身体づくりを徹底して行います。土台となる身体が準備できていなければ、高度なパフォーマンスは発揮できないからです。そのように考えると、介助者も「介護」を行うための身体づくりが重要であることがわかると思います。

　利用者の動きを引き出すために、どんなに高度で有効な技術を学んだとしても、介助者の身体の準備ができていなければ、それを正確に活用することはむずかしくなります。そうなると、土台がないまま、ただ形をなぞるということになって、無理な動きになり、うまくできなかったり、身体を痛めてしまったりするのです。

　どんなによい資材を使っても、沼地に家を建てることはできません。介護技術も家と同じで、しっかりした身体の基盤があってこそ、技術が機能するようになるのです。

　むずかしく考える必要はありません。技術に対応できるだけの身体をつくり、その身体の使い方を見直すことが大切だということです。それをやらずに、単に写真や動画の動きを真似していると、重度の利用者には対応できないだけでなく、身体を痛めてしまうことにもなるのです。

　ちなみに、重度の利用者への介護技術がうまくいかない場合は、軽度の利用者への介護技術もうまくいっていない可能性があります。したがって、重度の利用者だけでなく、軽度の利用者への介護技術を含めて、介助者の基本的な身体の動きを見直す必要があるのです。

②）介護技術の基盤となる、動ける身体づくり

　介護技術というのは、合理的な動きができにくくなった人に対して合理的な動きを支援する技術だと考えています。したがって、介助者自身が合理的な動きを理解して、実践できる必要があります。介助者にその知識と技術があれば、利用者の動きの予測が立ち、必要な介助の方法が手に取るようにわかってくると思います。

　野球の試合に出場する際に、いきなり相手チームの研究から始める人はいないでしょう。まずは野球ができるだけの身体づくりを行い、そのうえで投球練習や守備練習を重ね、練習試合で確認して本番を迎えるといった準備をするのがふつうです。それと同じように、介護職としての土台づくりを行う必要があるのです。基礎ができていなければ、日々の介護のなかで負担が蓄積し、身体を痛めることになりますし、重度の利用者への対応はもちろん、軽度の利用者への対応もむずかしくなります。

☑「全身の連動性」を高める

　「介護を行うための身体づくり」といっても、特別な運動やトレーニングが必要なわけではありません。ひとことでいうと、全身が連動すること、全身を使った動きができる身体をつくることといえます。

　私たちは無意識のうちに、上半身では、主に手先や腕だけを使ってしまうため、肘や肩を痛めてしまいます。また、体幹部では腰を中心に使って動くため、腰を痛めてしまい、下半身では、膝を中心に使って動くため、膝を痛めてしまいます。つまり、それぞれ大きな関節に負荷が集中するような使い方になってしまっているのです。

　この状態から、いきなり全身を連動させる（つなげて活用する）というのは、さすがにむずかしいので、まず下半身、上半身、体幹部の3つのパートに分けてそれぞれのパートでの連動性を確認し、その後、3つのパートをつなげて、全身の連動性を高める方法に取り組んでいきます（第1部2）。さらに、それがどのように介護技術に応用・発展できるのかを、介助の場面で紹介します（第3部）。

☑「連動」とは

　全身の連動といわれてもなかなかイメージしにくいかと思います。そこで、わかりやすい例として、「野球やテニスボールの握り方」で説明します。通常、指先だけに力を入れ、つまむようにボールを握ることは、まずありません。ほとんどの人は、手のひらからボールを包み込むようにして、それから指を添え、無駄な力は使わない握り方をします。つまり、指という部分ではなく、手のひらと指をうまく連動させた握り方をしているのです。

　ボールの握り方を身体にあてはめると、手のひらは体幹、指は手足となります。赤ちゃんを抱っこするのも、腕力に頼ると、部分的な動きになり、手首や肩、腰に負担がかかります。そして、何より、赤ちゃんも力みを感じ、安心できない状態になります。そこで、胸から腹（体幹）で赤ちゃんを包み込むようにして、腕は添える程度に抱っこします。すると、力みもなくなり、楽に抱っこできるため、足腰も動かしやすくなります。つまり、部分に頼らず、全身が連動した状態だからこそ、動きが向上したのです。当然、赤ちゃんの満足感も違ってくるはずです。

　介護技術でも、特に重度かつ大柄な人を抱える際は、「ボールの握り方」や「赤ちゃんの抱っこ」をイメージしてみてはいかがでしょうか。力まず、全身を連動させることは、抱え方を変えるだけでなく、全身が動きやすい状態に導いてくれます。そして、軽度で小柄な人であっても、全身を使って、支え、抱えることをしてみましょう。介護技術の見た目は変わらなくても、技術の質が自然に改善されていきます。

☑ 利用者の動きを「先読み」する

　介護を行うためには、介護を行う身体づくりが大切です。そのためには、全身の連動を意識しながら、「立つ」「座る」「起き上がる」などの生活上の基本動作を介助者自身が正確に行えるようになる必要があります。それは、介助を行う際に、利用者の動作を先読みする力を養うためです。

　たとえば、「ベッドでの起き上がり」という動作については、介助者自身がふだん適当に起き上がっていると、利用者が起き上がる介助をする際に、どのくらいの角度で起きてくればよいのか、どのタイミングで回転すればよいのかなどがわかりません。結局、介助者の都合で動かすことになり、利用者も完全に受け身になるしかなく、利用者の力や動きを引き出せなくなってしまいます。一方で、利用者の動きを「先読み」できれば、その動きを支える介助も柔軟に対応できるようになります。「先読み」とは、利用者の動きを的確に予測することであり、決して「先回りして介助すること」ではありません。

　ある程度、動くことのできる利用者であれば、介助者の「身体づくり」が十分にできていなくても、何とかしのぎながら介助できるかもしれません。しかし、自分では動くことがむずかしい重度の利用者に対しては、そうはいきません。重度の利用者の介助では、より一層、しっかりした身体づくりや正確な身体の使い方、動きを先読みして合理的な動きを介助できる力が求められます。

　一つひとつの介護技術（テクニック）を目の前の利用者にあてはめて介助するのではなく、利用者の動きを先読みし、柔軟に介助方法を組み立てることができれば、介助者自身も落ち着いて、安心して対応できます。その安心感は、もちろん利用者にも伝わります。

☑ コツと勘の違い　―技術を実践に活かす方法

　ラグビーの元全日本代表の友人から、「コツと勘の違い」について興味深い話を聞きました。コツは、ある程度は自分でつかめるものですが、勘は、さまざまな関係性のなかで養われるものだというのです。たとえば、ラグビーであれば、パスの練習を続けていると、だんだんコツがつかめてきます。しかし、試合に出ると、敵に囲まれた状態でパスをしたり、味方の動きを予測してパスをしたりと、さまざまな状況が生まれます。そのときに勘がはたらくようになるということです。

　介護技術にあてはめて考えてみると、「コツ」をつかむことは一人でもできると思い

ます。一方で、勘は、利用者や環境など、さまざまな要因の影響を受けながら養う必要があります。研修や講習はコツをつかむための要素が高いので、そのままでは「現場では、同じようにやってもできません」という状況が生じるのだと考えられます。

　ラグビーでも実践的なフォーメーションの練習をしますが、実際の試合でそのとおりの形になることはあり得ないというのです。それでも、フォーメーションの練習を重ねるうちに、試合で勘がはたらくようになるそうです。一人ひとりがパスなどの基本的な技術を身につけたうえで、実践的なフォーメーションの練習に取り組み、そのうえで試合で勘を養っていくという流れがあると教えてもらいました。

　原則（コツ）が身についていないなかで、どんなに実践的な練習（研修）をしても、ましてや現場で勘を養おうとしても、それではむずかしいということなのです。介護とラグビーでは、まったく分野は違いますが、取り組み方の本質は同じであると感じています。

☑ 介護技術の原則

　「介護」を行うための身体づくり、つまり全身の連動性を高めることに加えて、介護技術を提供するためには、「身体の使い方の原則」（コツ）を知る必要があります。介護技術の原則としては、広く「ボディメカニクス」が知られています。ただ、この「ボディメカニクス」を実際の介助場面でどのように活用したらよいのかがよくわからないという現状もあります。そこで、この本では、ボディメカニクスを活用するために、「4つの原則」を提案しています。

この原則を理解し、常に実践できるようになると、自ら介護技術の問題点を分析し、改善することができるようになります。また、「研修会や講習会ではうまくできるようになったのに、現場ではなかなか通用しない」という課題のヒントが見えてくるでしょう。

☑ OSとアプリ

この本では、①介護を行うための身体づくり、②「身体の使い方の4つの原則」を中心にして、介助者自身が、介護技術の課題を分析し、改善して、利用者と介助者の双方に合った介護技術をつくることができるようになることをめざします。たとえるならば、スマートフォンのOS（オペレーションシステム）とアプリの関係のように、身体の動き（OS）を改善することによって、介護技術というアプリがうまく機能するようにするといったイメージです。どんなに優れたアプリであっても、OSが古くて対応できなければまったく使い物にならない状況は、よくわかると思います。

また、身体の動き（OS）がしっかりしてくれば、○○流、○○法、などというさまざまな介護技術（アプリ）を自由に取り入れ、自分のものとして使いこなすことができるようになります。そして、OS（合理的な身体動作）とアプリ（介護技術）の活用がうまくいくようになると、自分自身で、目の前の利用者に合ったオーダーメイドの介護技術をつくり出すことも可能になります。その場の環境、利用者の状態をリアルタイムで反映させながら介護技術を展開する、介護技術の理想の形をめざすこともできます。

ちなみに、「合理的な身体動作」というしっかりしたOSがあれば、介護技術だけでなく、日常生活動作、消防・救命、リハビリテーション、育児、スポーツ、音楽、ダンスなど、さまざまな「アプリ」が今まで以上に使いやすくなります。時には、介護を離れて、趣味活動に関する動きや苦手な動きを好転させるために、「合理的な身体動作」というOSの向上に、取り組んでみてはいかがでしょうか。結果として介護技術も向上し、相乗効果が得られると思います。

OS	合理的な身体動作
アプリ	介護技術、日常生活動作、消防・救命、リハビリテーション、育児、スポーツ、音楽、ダンス　など

2 介護を行うための身体づくりの基本

　「車いすやベッドへの移乗動作の介助は、身体的な負担も大きく、腰痛は職業病…」。そのような認識は、介護現場のみならず、残念ながら社会的にも広まっています。しかし、そんなことはありません。介護技術以前のふだんの動作を根本から改善することで、この課題を解決することは可能です。

　ふだんの動作（日常生活での身体の使い方）を改善するためには、全身の連動性を高めることが何より大切です。私たちは、ふだんの生活においても、肩や腰、膝などの大きな関節を中心に動き、酷使する傾向にあります。つまり、全身をうまく活用しきれていないのです。

　そこで、まずは上半身、下半身、体幹部と全身を3つのパートに分割して、介護技術における役割、痛めやすい原因、それぞれを連動させる方法を解説・実践していきます。つまり、「介護を行う身体づくり」をしていくということです。これらがベースとなり、はじめて介護技術が機能するようになります。逆にいうと、これらのベースがない状態では、介護技術はうまく機能せず、力任せになり、身体を痛めやすくなるという負のループにはまっていくのです。「介護を行う身体づくり」のポイントは、筋力をつけることではなく、合理的に身体を使うことなのです。

1 ）下半身 —介護技術の土台

　介護技術における下半身の役割は「土台」です。土台がぐらついてしまうようでは、技術の安定性もなくなり、利用者を安全に介助することはできません。その意味からも、もっとも重要な部分といえます。しかし、単に安定しているだけでは、動けなくなってしまいます。「安定すること」と「動くこと」という、一見、矛盾しているようにみえることを両立させる点が、下半身を使いこなすうえでのむずかしさといえるでしょう。

　下半身のなかでも、もっとも大事なのが股関節です。股関節の動きが制限されると、立つ、座る、起き上がる、寝る、歩くといった基本動作が行いにくくなります。

☑ 股関節の動きのチェック

　それでは、自分自身の股関節がどのくらい動かせるのかをチェックすることから始めましょう。チェックの方法は「しゃがんで歩くこと」です。まさに「草取りの動き」と同じです。一見、簡単そうに見えますが、実際はどうでしょうか。無理のない範囲で行ってみましょう。

　checkでは、できるか、できないかが大切なのではなく、現在の自分の身体の状態を知ることに意味があります。状態がわかれば、どのように改善し、さらに高めていくかという明確な戦略を立てることができます。

check 1　しゃがむ

✕ できない

股関節がしっかり曲がらないため腰が高く、膝に負担が集中して、不安定。

○ できる

股関節が120〜130度曲げられると、しっかりと腰が落ちて、姿勢も安定する。

check 2　しゃがんだ姿勢で前進する

✕ できない

1 そのままでは前進できず、身体を左右に傾け、膝から足をふり出す。

2 バランスが崩れやすいため、一歩ずつ止まってしまう。

◯ できる

1 上半身を前傾させながら、片膝を倒していく。

2 地面についている膝を立てながら、立てている膝を倒し、前に進む。

☑ 股関節が動きにくい理由

「草取りの動き」はいかがでしたか。予想以上に苦戦したのではないでしょうか。その根本的な原因は、筋力や柔軟性の低さではなく、「生活スタイル」にあります。

現在、多くの家庭は洋式の生活スタイルです。つまり、いすに座る動作を中心に、洋式トイレやベッドの使用など、股関節を90度以上曲げなくても、生活全般の動作を楽に行うことができます。したがって、股関節を90度以上曲げる必要がある動作は、行いにくく、負担も大きくなります。「草取りの動き」をむずかしいと感じた人は、洋式の生活のなかで、股関節をあまり使っていない可能性が高いといえます。

一方、和式の生活では、股関節を120〜130度曲げることができなければ、生活全般の動作ができません。しゃがむというのは、和式トイレを使用する体勢そのものです。畳の上で寝て、起きて、立ち上がり、座るという動作も、股関節を90度以上曲げられなければ、とても行いにくく、生活するだけで疲れてしまいます。やはり、股関節が、全方位にしっかりと動かせることが必須条件になるのです。

洋式の生活に比べて、和式の生活では、股関節をしっかりと使うため、全身を使いやすくなり、動作もしやすくなります。また、生活のなかで必要な筋力や柔軟性が、自然と引き出される傾向にあります。ただしそれは、正確な動作ができていることが前提となります。正確な動作ができていなければ、和式の生活は、かえって身体を痛めてしまうリスクが高まる可能性があります。

☑ 「草取りの動き」のポイント
――膝中心の動きか、股関節中心の動きか

「草取りの動き」では、膝中心の動きと股関節中心の動きの差が明確になります。うまくできない人は、膝を中心に動くくせがついていることが考えられます。

くり返しになりますが、これは、膝の動きを中心にいすに座ったり、いすから立ち上がったりという洋式の生活スタイルに原因があります。洋式の生活動作の延長線上で、しゃがんだり、「草取りの動き」をしたりしようとすると、膝を中心に足をふり出すことになり、動作もぎこちなくなります。膝関節は、基本的に前方に曲げたり、伸ばしたりしかできません。膝ばかり使っていると、針金の同じ部分をくり返し、曲げたり伸ばしたりしているのと同じで、負担が集中し、痛める原因になります。また、太腿の前側の筋肉を中心に使ってしまい、内側や裏側があまり使われません。

一方、股関節は、曲げたり伸ばしたりのほかに、開いたり、閉じたり、内側・外側に

回したりと、全方位に動かすことができます。つまり、部分的にしか動かすことのできない膝関節よりも、全方位に動く股関節を使ったほうが合理的に動くことができるのです。

「草取りの動き」では、股関節から片方ずつ膝を倒していくことで、太腿の裏側、内側、前側を使うことになり、負担なく力を出すことができます。その結果、疲れにくく、楽に動くことができるようになります。

☑ 股関節の動きの改善

通常、「足腰をきたえましょう」というと、いわゆるスクワット（屈伸運動）を行うことが多いと思います。スクワットは、やり方によっては、膝にばかり負担がかかってしまいます。また、太腿の前側の筋肉ばかりを使い、内側や裏側の筋肉は使えていない状態でもあります。

下半身全体を使うために提案したいのは、股関節を中心に動かすことです。肩幅の1.5～2倍程度に足を広げ、腰を下ろしていくと、まず太腿の前側の筋肉が使われます。ここから、つま先、膝、股関節を同時に広げていくことで、太腿の内側の筋肉も使うことになります。さらに、股関節と膝関節が90度になるまで、腰を下げていくと、太腿の裏側の筋肉も使う状態になります。立ち上がるときも、そのまま立つのではなく、つま先、膝、股関節を閉じながら立ち上がっていくことで、太腿の筋肉全体を使うことになります。

この動きを、フルマラソンとリレーに例えて考えてみましょう。42kmを一人で走るのはとても大変ですが、リレーとして1,000人で走るとなれば、気軽に参加できるのではないでしょうか。股関節を使うことのメリットは、太腿の前側の筋肉だけを使って行っていた動きを、前側→内側→裏側→内側→前側というように、順にリレーのバトンを渡していくように、チームとして動作を行うことにあります。単独プレーの状態から下半身全体を使ったチームプレーに切り替えていくイメージです。

この動作の構えは、いわゆる中腰の構えです。重度の利用者がベッドや車いすに移乗する介助を行う際にも、また、自分自身で、ある程度動ける軽度の利用者の場合にも、この中腰の構えが土台になります。そのため、理屈と正確な動きを理解すれば、わざわざこの動作を何セットも練習する必要はありません。実践のなかで、股関節の動きを意識しながら活用していくことが何より重要になってくるのです。

練習1 腰に手をあててゆっくり腰を下ろす

1 腰に手をあて、足を肩幅の1.5〜2倍程度に広げる。

＼正面／

2 股関節から膝とつま先を開き、腰を下げていく。

3 股関節・膝関節が90度になるくらいまで腰を下げる。

\ 正面 /

4 前傾しながら腰を上げ、股関節から膝とつま先を閉じていく。

5 元の姿勢に戻る。

練習2 膝に手をついてゆっくり腰を下ろす

　膝に手をつくと、上半身のバランスがとりやすくなり、緊張がとれて股関節が動かしやすくなります。

1 両膝に手をつき、足を肩幅の1.5〜2倍に広げ、上半身を前傾させて構える。腰を下げながら、股関節から膝とつま先を開いていく。

＼ 正面 ／

2 股関節と膝関節が90度になるくらいまで腰を下げる。

＼ 正面 ／

3 前傾しながら腰を上げ、股関節から膝とつま先を閉じ、元の姿勢に戻る。

いすを活用してゆっくり腰を下ろす

　腰を下ろしていくと体勢が不安定になる場合は、無理をせずに、後方にいすを置き、いすに座りながら行います。後ろにいすがある安心感から、無駄な緊張がとれ、動作もしやすくなります。動作のバランスがとれてくると、いすがなくてもできるようになります。

1　後方にいすを置き、構える。

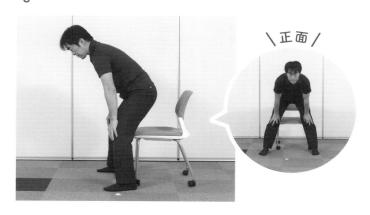

＼正面／

2　腰を下げながら、股関節から膝とつま先を広げていく。

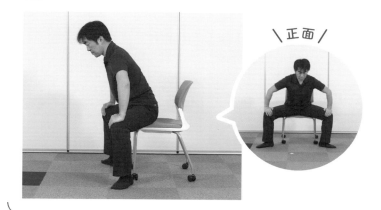

＼正面／

　実際の介助動作にあてはめてみると、左右対称に股関節を開いたり閉じたりという動作ばかりでなく、左右が非対称に動いたり、床や畳などの低い位置では、股関節の動きはさらに複雑になります。したがって、股関節が常に「らせん状」に動きやすいように、力まないことが大切です。

　この動きは筋力を鍛えるのではなく、股関節の動きを引き出すための身体づくりの基本を身につける練習です。自分の身体を適切に使いこなすために、土台となる股関節が合理的に操作できるように取り組んでみましょう。

② 上半身 ─人や物との接触点

　上半身は、人や物との接触点です。介助の場面で、腕の力だけで利用者を抱えていると、手首や肘、肩などに負担が集中していきます。その結果として、腱鞘炎になったり、肘や肩を痛めてしまったりする人も少なくありません。

　そこで、「背中と腕とを連動させる」ことに取り組みます。背中は背筋力に代表されるように人体のなかでも、もっとも大きな力や動きを引き出すことができます。その背中の筋力や動きが、腕まで伝わらない状態でさまざまな動作をすることは、本当にもったいないのです。ボディメカニクスでも、「大きな筋群を使う」という原則がありますが、背中と腕とを連動させることで、大きな筋群を活用することにつながります。

　まずは、背中と腕との連動ができているかどうか、チェックしてみましょう。

　check1は、それほど苦労せずにできる人が多いでしょう。しかし、check2のこぶしを握り、固定したまま両方の肘を動かすことは、むずかしいと思います。実は、check2の動きができる人はごくわずかなので、できなくてもそれほど気にする必要はありません。大事なのは、自分の身体の状況を的確に把握し、動きのメカニズムを知ることです。

　肘や腕を動かしているのは、背中の筋肉です。肩や背中の筋肉は随意筋、つまり動かそうと思えば動かせる筋肉です。肩や背中の筋肉を有効に活用できるようになることは、介護技術の大事な基礎になります。

☑ 背中と腕の連動のチェック

check 1 手を組んで行う

1 両手を組み、肘関節を伸ばし、肘が外側にある状態にする。

2 組んだ手は動かさず、肘を下に向け、また外側に戻す。これをリズミカルにくり返す。

check 2 手を組まずに行う

1 手を握り、固定したまま、肘を外に向ける。

2 手を握り、固定したまま、肘を下に向ける。

☑ 背中と腕を連動させるコツ

それでは、実際に背中から腕、肘を動かすことをしてみます。ポイントは背中にある肩甲骨の開閉動作です。肩甲骨には背中の筋肉が内側も外側も集約してついています。肩甲骨を左右に開き、閉じる動作によって背中全体の動きが引き出され、その動作を肘に伝えていくようにします。

ここでは、わかりやすくするために、大きな動作で確認してみます。顔を下に向け、胸をくぼませ、背中を丸め、膝も曲げていくと肩甲骨が広がった結果、肘が外側を向きます。次に顔を上げ、胸を張り、背筋を伸ばし、膝を伸ばしていくと肩甲骨が閉じた結果として肘は下を向きます。つまりこの動作は「背中と腕の連動性」がどのくらい出せているのかのチェックなのです。手首から先を動かさずに肘だけを動かすためには、背中から肩にかけての筋肉を上手に使う必要があります。肘が動きにくいという人は、背中や肩の筋肉を使わず、肘だけで動かそうとしているからなのです。

ちなみに、check 2のこぶしを固定したまま肘が動かせるということは、背中と腕との連動性がかなり精密に行えている状態です。動作の質を高めたい人はそこを目標に取り組んでみるのもよいでしょう。

意識せずとも自在に動く腕に、日常動作の大部分を頼りきっていると、肩・背中など、体幹部の筋肉を使わなくなりがちです。その結果、肩・背中などの筋肉が随意的に動きにくくなってしまうのです。そうなると、腕と体幹部が分断され、連動性が低下し、動きの質も低下してしまうので注意が必要になります。

check 1 のコツ　両手を組んで肩甲骨を動かす

1 両手を組み肩甲骨を広げると、肘が外側を向く。

2 肩甲骨を寄せると、肘が下を向く。

こぶしを握って、固定したまま肩甲骨を動かす

1 手を握り肩甲骨を広げると、肘が外側を向く。

2 肩甲骨を寄せると、肘が下を向く。

こぶしを固定したまま肘を動かすことができるということは、背中と腕の連動性がかなり高まっている状態。

☑ 背中と腕を連動させる練習

　check 1 や 2 の動作はむずかしいため、うまくできない人も多いと思います。そこで、より簡単な動きで、背中と腕とを適切に連動させる練習を行いましょう。

　「手を組んだまま腕を前に伸ばし、そして縮める」という動作を何気なく行うと、肩から先の腕だけを動かす傾向があります。やはり背中の筋肉は使われていないのです。

　そこで、肩甲骨を左右に広げることで背中から腕を伸ばし、肩甲骨を寄せることで背中から腕を戻すというように、背中と腕の連動をしっかりと引き出して行ってみます。

練習1　背中と腕の連動を引き出す練習

1 肩の力を抜き、胸の前で手を組む。

2 胸をくぼませ、肩甲骨を左右に広げていく。

3 肩甲骨が広がった結果、腕が伸ばせるようになる。

4 腕を1の状態に戻す際には、肩甲骨を寄せていくようにする。

☑ リラックスして行う

　この動作を行うときにはリラックスして、呼吸を止めないように意識します。呼吸を止めてしまうと、身体に力が入り、連動性も途切れてしまうからです。特別な呼吸法は必要ありません。おしゃべりができるくらいの感覚で行うとよいでしょう。どうしても呼吸が止まってしまう場合は、腕を伸ばしきらずに、楽に呼吸ができる範囲で行います。現時点で負担なく行える範囲を見つけて、自分自身に合った動きで取り組んでみましょう。

　ちなみに、実際の介助の場面でも呼吸を止めないようにしましょう。むずかしいこと

はありません。利用者に語りかけながら行えばよいのです。利用者に語りかける余裕がないときは、全身の連動性が低下した状態です。

　利用者への語りかけをコミュニケーションだけでなく、身体と技術のチェック要素としても活用してみてはいかがでしょうか。

コラム　練習の回数は？

　背中と腕を連動させる練習や股関節を活用する練習について、何回×何セット行えばよいのかとよく聞かれます。【10回×5セット】など、切りのよい数字を提案することが多いですが、実際には、回数にこだわるのではなく、肩甲骨や股関節の正確な活用方法を理解できれば、それ以上、回数を重ねる必要はないと考えています。これらの動作は、実践で使ってこそ価値があるからです。ぜひ、日常生活の動作や介助を行う際に、背中と腕とを連動させ、股関節の動きを引き出して実践してみてください。

　とはいえ、使い方は自由です。職場の体操として取り組んだり、スポーツの動作改善に取り入れたりと、自由な発想のなかで使いこなしてもらえたらと思っています。

③ 体幹 ―上半身と下半身の連結部

　体幹部の役割は、上半身と下半身をつないで、全身の連動性を高めることです。具体的には、骨盤と腰骨が反ったり丸まったりせず、中間位（ニュートラルポジション）をとることで、上半身と下半身がつながり、全身が連動するようになります。

　反対に、どんなに下半身と上半身がよい動きをしても、それをつなぐ体幹部のポジショニング（姿勢）が崩れていると、全身の連動性は途切れ、全体としてのよい動きはできません。また、腰に負荷が集中しやすくなり、腰痛の原因になります。

　腰痛対策として腹筋や背筋を鍛え、入念にストレッチをしても効果が上がらないという相談をよく受けます。本質的な改善のためには、動作を行う際の体幹部のポジショニング（姿勢）を見直す必要があります。静止状態ではなく、動く際の適切な姿勢を知り、それがさまざまな動きのなかで常に保たれることで、全身が連動し、腰への負担も軽減します。

✕ 途切れる

◯ つながる

☑ 「気をつけ」の姿勢は要注意

　一般にイメージする「よい姿勢」は、「気をつけ」の姿勢です。ところが、ある研究機関で、腰の椎間板にかかる負担の計測をしたところ、「気をつけ」の姿勢では、体重72kgの被験者に、82kgの負荷がかかっていました。つまり体重の一割増しの負担が腰にかかっていたのです。なぜそのようなことになるかというと、胸を張り、背筋を伸ばすと腰が反ってしまい、負荷が集中するからです。

　つまり、一般に「よい姿勢」とされる「気をつけ」の姿勢というのは、動くときにはあまり適さない姿勢だということです。たとえば、バスケットボールのドリブルを行うときなども、「気をつけ」の姿勢ではとても動きにくいですし、ボクシングや格闘技の構えとしても、「気をつけ」の姿勢は違和感があります。それは、腰が反りすぎていると、上半身と下半身の動きが分断され、全身の連動が途切れて、上下バラバラな動きになり、運動としてのまとまりがなくなってしまうからです。これは介助の動作でも同じです。

> **check 1**　「気をつけ」の姿勢

胸を張り、背筋を伸ばし、腰は反り気味になっている。

☑ 実用的な姿勢

　もちろん「気をつけ」の姿勢が悪い姿勢というわけではありません。「気をつけ」の姿勢は社会的、儀礼的にはよいのですが、動くための姿勢としては実用的ではないということです。つまり、使い分けることが重要です。

　実用的な姿勢は、まず肩の力を抜いてリラックスし、股関節と膝は軽く曲げて、骨盤と腰骨のポジショニングは丸めたり反らしたりしない中間位（ニュートラルポジション）を保つようにします。イメージとしては、骨盤と腰骨がまっすぐの状態です。伝統芸能や武術ではこの姿勢を「腰を立てる」といいますが、腰に負担がかからず、実用的な姿勢の基礎となります。

check 2　実用的な姿勢

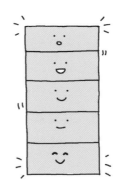

肩の力を抜き、股関節と膝は軽く曲げ、
骨盤と腰骨は中間位に保つ。

　先ほどの腰への負担の計測実験では、「気をつけ」の姿勢で82kgあった腰への負担が、実用的な姿勢では60kgまで軽減しました。それは、上半身と下半身が体幹部の適切なポジションによってつながり、全身が連動したことの効果ともいえます。

☑「介護」を行うための姿勢

　ここまで「実用的な姿勢」の基礎的な捉え方を紹介してきましたが、介護技術で活用する場合には、さらなる工夫が必要です。

　介護をする際、もっとも負担がかかる姿勢は、まっすぐに立つことではなく、上半身を前傾させたときです。しかも、介護技術の構え方を見ると、床から起き上がり、立ち上がり、移動するなどの一連の介助動作すべてが、前傾姿勢をスタートとしています。その際、腰を中心に曲げてしまうことが、全身の連動性を阻害し、腰痛の原因にもなるのです。

　腰から曲げてしまうと、当然ながら、腰一点に負担が集中します。腰は一見、曲がりやすそうに思えますが、実際には曲がりにくいところです。ちなみに、腰から曲げるくせがある人は、腹にくっきりと「すじ」が入っています。常時、腰から曲げると、腹も曲がってしまい、その結果、腹にすじが刻まれてしまうのです。腹のすじを見たら要注意です。

　では、どこから曲げるのがよいかというと、それは股関節です。股関節からしっかり曲げると、腰にかかる負担は確実に軽減します。ただし、漠然と股関節から曲げると、どうしても腰も一緒に曲がりやすくなるので、股関節をさらに動かしやすくする工夫をします。

　両方のつま先と膝を広げると、股関節も広がってきます。すると股関節周りの緊張がゆるんでくるので、上半身を前傾しやすくなってきます。

　ただし、股関節がそもそもどこにあるのか、イメージしにくいという人も少なくありません。そこで、正確に股関節から曲げるコツとして、股関節の英語名が参考になります。「股関節＝hip joint」、つまり、臀部から曲げるようにするのです。立位の状態で臀部の下を触れると、しわがあります。このしわをしっかり伸ばすように上半身を前傾させます。すると、腰から曲がらず、上半身と下半身が連動した、「腰の決まった姿勢」となります。その他にも、高いいすに座るイメージで臀部から曲げる、臀部を軽く突き出すようにするのも、正確に股関節から曲げることにつながるコツとなります。

✕ 腰が反っている

✕ 腰から曲げている

上半身と下半身の動きが分断され、全身の連動が途切れる。結果として、腰一点に負担が集中し、腰痛のリスクも高まる。

◯ 骨盤と腰骨がまっすぐになっている

◯ 中腰で前傾しても腰は反らない

上半身と下半身がつながり、全身の連動性を引き出しやすい。股関節から曲げているため、腰への負担は軽減される。

☑️ 低い体勢での構え方

　床の上で介助する技術がむずかしいという相談を受けることがあります。床の上での介助は、「正確にしゃがむこと」ができないとむずかしくなってきます。

　しゃがむ際にも、骨盤と腰骨のポジショニングは重要です。しゃがむときには、股関節を広げながら、骨盤と腰骨が中間位になるように留意すると、しっかりと腰が下がり、安定した体勢がとれるようになります。土台となる構えができれば、技術は機能しやすくなります。

○　正確にしゃがむ

正確にしゃがむことができれば、低い姿勢での介助も安定する。

④》全身の連動性を高める

　これまで下半身、上半身、体幹部とそれぞれの動きをチェックし、改善するための練習方法を紹介してきました。最後に、3つのパートをつなぎ、一つの動きとして統合していきましょう。

☑ 全身の連動性を高める練習

練習1　全身の連動性を高める

1　胸の前で手を組んで構える。

2　肩甲骨を広げながら、手首を返して腕を伸ばし、腰を下げていく。

3　腕を伸ばし、股関節と膝関節が90度程度になるまで腰を下げる。

＼横から／

4 前傾し腰を上げながら、つま先を
閉じていく。

5 肩甲骨を寄せながら腕を戻し、最
初の姿勢に戻る。

　上半身は背中と腕とが連動して、肩甲骨が広がった結果、腕が伸びています。同時に、つま先と膝を股関節から広げていくと、自然に腰が下がってきます。このとき腰が反ってしまうと、骨盤と腰骨のポジションが崩れ、上半身と下半身の連動性は途切れてしまいます。骨盤と腰骨は中間位を保ちます。このとき、腹筋や背筋を使って、身体に力を入れて保つのではなく、リラックスした状態で自然に保たれている状態が理想です。そして、肩甲骨を寄せながら腕を戻し、下半身も股関節から膝とつま先を閉じながら立ち上がっていきます。このときも骨盤と腰骨は中間位を保ちます。

　スポーツにたとえると、腕だけを動かす動作が「ワンマンプレー」だとすれば、全身が連動した動きは「チームプレー」のようなものです。その結果、身体の各所にかかる負担が分散・軽減され、動きとしての滑らかさが増し、力の伝達効率も高まります。

　全身を連動させる合理的な身体の使い方を理解し、実践できるようになると、介助の場面だけでなく、日常の生活動作、育児、消防・救命、リハビリテーション、スポーツなどの動きが、その応用であることに気づくと思います。また、さまざまな介護技術について、一つひとつの動きを覚えていくよりも、全身を連動させた動きを「公式（＝基本）」として活用し、柔軟に応用できる発想と身体を得ていくことで、日々進化させることができると思います。

3 身体の使い方の基本

全身の連動を高めるとはどのようなことなのか、下半身、上半身、体幹部に分けて解説し、3つの部分をつなげる動作を確認してきました。ここでは、「立ち上がる」「座る」という介護技術の基礎となる動作を通して、全身の連動性を高める身体の使い方を身につけていきます。「立ち上がる」「座る」という動きを全身を連動させて行えるようになると、すべての介助に応用できるようになります。

介護技術を見てみると、立ったり、座ったりという動作の基礎は、利用者だけでなく、介助者の動作にも活かされていることに気がつきます。たとえば、ベッドからの起き上がりの介助は、上半身を前傾し、骨盤を下げながら行います。また、車いすからの立ち上がり、座り動作の介助でも同様に、上半身を前傾し骨盤を下げたり、上げたりすることで利用者の動きを引き出しています。一方、床の上での介助がむずかしいのは、介助者自身が床から立ち上がったり、しゃがんだりする動作がうまくできていないことが最大の原因となります。介助者自身が、合理的な動きで立ったり、座ったりできることは、利用者が立ったり、座ったりする動きを先読みし、余裕をもって動きを引き出せることにつながります。

床から立ち上がる動作	「床からの立ち上がり」の介助動作

床から立ち上がる動作の基礎は、介助の際の動作にも活かされている。

1 ）いすから立ち上がる

　立ち上がりの動作では、立ち上がるための準備と動き方が重要です。ポイントは2つです。

　1つは足の位置です。足を前方に投げ出しているよりも足を引いたほうが立ち上がりやすいことは、だれでも知っています。では、どのくらい引いたらよいでしょうか。ここでは、足を引く「基準ライン」を示して解説します。

　足を投げ出した姿勢では足の裏に体重が乗らず、土台として機能しません。これでは、いくら前傾をしても、立ち上がることはできません。そこで、つま先が膝と重なるくらいの位置まで足を引きます。膝とつま先を結んだ線が垂直になるような「基準ライン」をつくることで、軽く前傾しただけでも足にしっかりと体重が乗り、土台が安定するため、立ち上がりやすくなるのです。

　2つ目のポイントは「正確な前傾」です。何となく前傾していると、腰が残ってしまい、結局、脚力に頼って立ち上がることになってしまいます。そこで股関節から前傾します。その際に骨盤と腰骨は中間位を保つことが大切です。正確な前傾ができると、頭の重さで骨盤が上がり、ちょうどシーソーのような感じで楽に立つことができます。

✕ 足を前に投げ出している

1　安定しているが、動きにくい。

2　上半身を前傾させても骨盤が上がらず、立てない。

◯ つま先と膝を結んだ線が垂直になっている

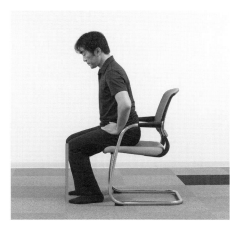

1 つま先と膝を結んだ線が垂直になるように足を引く。

2 股関節を曲げて前傾すると、足に体重が乗り、骨盤が上がってくる。

3 股関節と膝を伸ばす。

②）いすに座る

　立ち上がる動作に比べていすに座る動作は、重力にしたがって動くため楽にできます。ただし、介護技術としては、利用者がドスンと尻もちをつくように座ることがないよう、動きを見直す必要があります。

　いすに座る動作では、利用者と同時に介助者も腰を下ろしていくため、介助者がしっかりと腰を下げることができなければ、利用者も十分に腰を下げることができず、尻もちをつくようになりがちです。介助者がしっかりと、安定した体勢で腰を下げていくことで、利用者もゆっくりと車いすやベッドに座ることができます。

　ゆっくりと座るためのコツは、上半身を正確に前傾し、バランスがとれた状態で腰を下ろすことです。股関節から曲げて前傾し、バランスを整えてゆっくりと座っていくようにします。バランスがとれていれば、足腰への負担が少なく、ゆっくりとソフトに座ることができます。

✕ 前傾していない

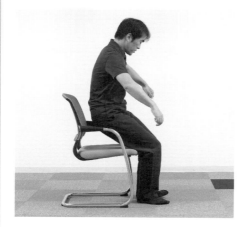

1　前傾せずに、腰を下げていく。

2　足腰が負担に耐え切れず、バランスを崩して尻もちをつくように座る。

◯ 正確に前傾している

1 股関節を曲げて前傾していく。

2 より深く前傾し、膝と足首も曲げて、腰を下ろしていく。

3 バランスがとれた状態で座面にゆっくりと腰を下ろす。

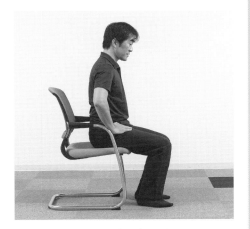

4 股関節から上半身を起こす。

③》 床から立ち上がる

　正座の姿勢から立ち上がる動作は、いすから立ち上がる動作に比べてかなりむずかしくなります。日常生活においても、洋式の生活スタイルのなかで畳の上で正座をする機会が少なくなっていますので、余計にむずかしく感じるでしょう。しかし、いすから立ち上がる動作と同様に、股関節から曲げて前傾し、臀部を浮かせることで、正座から立ち上がる動作も無理なく行えるようになります。

　まずは、上半身を股関節から曲げて前傾します。このとき「基準ライン」を目安にします。膝から垂直に伸ばした線を肩が超えると臀部が浮いてきます。臀部が上がり、軽くなると足を動かしやすくなり、立ち上がりやすくなります。

　このとき、真上の方向に立ち上がろうとすると、脚力に頼ることになり、バランスを崩しやすくなります。頭の重さに引かれるようなイメージで、斜め上方向に立ち上がっていくと、足への負担が軽減され、バランスをとりながら立ち上がることができます。

**✕　真上の方向に
　立ち上がっている**

真上の方向に立ち上がると、脚力に頼ることになりバランスを崩してしまう。

◯ 斜め上方向に立ち上がる

1 骨盤と腰骨をまっすぐにする。

2 上半身を股関節から前傾し、肩が「基準ライン」を超えると臀部が上がってくる。

3 臀部が上がるタイミングで片膝を立てる。

4 頭の重さに引かれるように、斜め上方向に立ち上がる。

5 股関節と膝を伸ばす。

④） 床に座る

　畳などに正座をする動作は、重い臀部を受け止めてくれる座面がないため、バランスを適切に保ちながらゆっくりと座っていく技術が必要になります。この動作でも大切なのは、上半身を正確に前傾することです。前傾することで上半身の重さが下半身にそのままかかることなく、足も動かしやすくなるため、高い位置から負担なく、ゆっくりと座ることができます。

　上半身の前傾と足を引くタイミングが合うと、足腰に負担が少なく、座ることができるようになります。タイミングがずれると、上半身のバランスも崩れ、脚力に頼った座り方になってしまいます。

　また、片膝をついた姿勢でも前傾を保ち続けることで骨盤が上がり、立てた片膝を引きやすくなります。反対に、上半身をまっすぐに起こすと、骨盤に上半身の重さがかかるため、片膝を引きにくくなってしまいます。

　立ったり座ったりする動作では、「正確な前傾」がポイントになります。前傾することで、上半身の重さが骨盤から外れ、足を動かしやすくなり、動作がしやすくなるのです。これは、介助される利用者、介護技術を提供する介助者の双方に共通していえることです。互いに正確な前傾を引き出し、バランスがとれて、足を動かしやすい状態をつくることができるかどうかが、介護技術のポイントとなります。

✕ 前傾が不十分

上半身の重さが骨盤にかかり片膝が引きにくい。

◯ 前傾を保ち続ける

1 骨盤から上半身を前傾する。

2 前傾しながら、片足を後ろに引いていく。

3 片膝をつき、もう一方の膝を立てる。

4 立てた片膝を後ろに引き、両方のつま先を立てる。

5 つま先を伸ばしながら上半身を起こし、腰を下ろす。

異分野から学ぶ技術の発想

　介護技術を工夫しようとするとき、職場の同僚や同業者、家族・友人などに相談していて煮詰ってくることがあります。「結局、気合だよね」なんて、精神論になってしまうことも、少なくないように思えます。もちろん、よい結果が得られることもありますが、現状を打破するような発想に至ることはむずかしいようにも思えます。

　そんなときは、介護とは違う、異分野の人にあえて相談をしてみることが有効です。考えが煮詰まるというのは、ある意味、介護の固定観念にとらわれている状態です。そこで、介護に対する固定観念のない人から、発想を転換するヒントを得ようという作戦なのです。私自身、古武術、スポーツバイオメカニクス、柔道整復師、江戸曲芸独楽師、和太鼓、フルート、狂言、レスリング、ラグビー、バスケットボール、卓球、ロボット工学、外交官、消防・救命、自衛隊、警察など、分野を問わず、その道の専門家と交流し、技術の直接的なヒントのみならず、発想の転換のヒントをいつももらっています。

　もちろん、異分野の人に介護技術の相談をしたとしても、そのものズバリの「答え」をくれるわけではありません。ほとんどの人が、「介護技術はわからないけれど、参考になれば…」と、それぞれの専門分野の知識、技術、経験を惜しげもなく伝えてくれます。たとえば、古武術では、足裏を踏みしめるどころか、足裏全体を浮かせるように使うのが技の大きな基盤となっていることを知りました。ただし、それが何を意味するのかすぐにはわかりませんでした。そして、試行錯誤の末、介護技術に落とし込むならば、「踏みしめないことで、全身が連動できる」ことではないかとの考えに至りました。

　そして、何より、自分が知らない分野の人と交流するのは、気持ちが開けます。多忙な介護の現場だからこそ、外からの風を入れ、心身をリフレッシュさせ、発想を広げる。実は、そのことが最大のメリットのようにも思えます。

第 **2** 部

「介護」に活かす、無理のない身体の使い方

1 ボディメカニクスの検証
2 身体の使い方の４原則

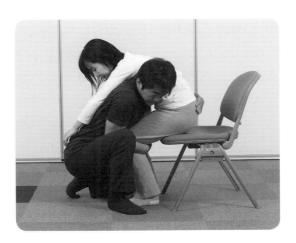

1 ボディメカニクスの検証

　「ボディメカニクス」は、介護技術のベースとなる理論として広く介護の現場で認識されています。一つひとつの原則をみていくと、とても理にかなったものといえるのですが、実際に介護の現場で活用しようとすると、どのように役立てたらいいのかとまどうのではないでしょうか。

　私自身は、ボディメカニクスについて、介護の現場でもっと有効に使うべきだと考えています。つまり、ボディメカニクスが介護に適していないのではなく、ボディメカニクスを使いこなすための視点が十分に理解されていないのが、現状なのではないかと考えています。さらに、ボディメカニクスを使いこなせるだけの身体をつくる必要もあります。

　ボディメカニクスを使いこなすための身体づくり（第1部）をふまえ、「ボディメカニクスの8つの原則」を介護に活かす視点を学んでいきたいと思います。

1) 支持基底面を広くとり、重心を低くする

　ボディメカニクスの原則の一つに、「支持基底面を広くとり、重心を低くする」というものがあります。支持基底面は、狭いよりは広いほうが安定します。また、支持基底面を広げると、自然に腰の位置も低くなり、重心が低くなります。

　この原則を介護の場面で活用しきれていない理由としては、「そもそも腰を低くすること自体がむずかしい」という点が挙げられます。つまり、股関節を動かしにくいことが原因です。正確に腰を落とすことができなければ、重心を低くすることもできません。

　正確に腰を落とすことができなければ、腰が高いまま、支持基底面も狭いまま、腰や腕の力で利用者を持ち上げるような無理な動きをすることになってしまいます。また、動きの幅が制限され、単純な上下動になりがちです。重心移動もしにくくなります。これでは利用者の動きを引き出すどころか、利用者はされるがままの受け身になってしまいます。

そこで、股関節を広げて、支持基底面を広げていきます。支持基底面を広げると土台が安定することに加えて、さまざまな動きがしやすくなります。このとき、足元をかためてしまうと、いくら支持基底面を広げても動きが制限されてしまうので、足元を踏みしめないことがポイントです。股関節をしっかり広げると、動きの幅が広がります。

支持基底面を広げた状態から動くときには、足元をゆるめて少し狭めていきます。構えるときは広げて、狭めながら動くということになります。

check 1　支持基底面を広げる

✕ 支持基底面が狭い

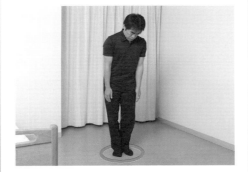

支持基底面が狭いと、腰の位置も高く、姿勢は不安定になる。

◯ 支持基底面が広い

1 股関節から足を広げると支持基底面が広がる。

2 さらに腰を下げると、重心も低くなり、姿勢が安定する。

②） 重心を意識する（近づける、低くする）

　次に、「重心を意識する」という原則について考えていきましょう。重心は、物理学的に説明しようとすると、とても複雑でむずかしくなってしまうので、ここでは、もっとも動きにくい骨盤を意識します。つまり、重心が位置する骨盤を利用者の骨盤と近づけて、一体化することができるかどうかがポイントになります。

　たとえば、床に座っている利用者の立ち上がりの介助を行う場面で考えてみましょう。

　利用者の後ろから脇を抱えて、持ち上げようとすると、骨盤と骨盤が離れているため、一体化とは程遠い状態となり、腕や腰の力で吊り上げるような介助になってしまいます。骨盤と骨盤を近づけて一体化し、バランスを保ちながら斜め後方に倒れるようにすると、結果として利用者が立ち上がってきます。

　ここでも重要なのが「構え」です。正しく構えることができなければ、骨盤を近づけることはできません。重心が近づいて一体化することで、動作が共有できるようになります。自分で動くことがむずかしい人の介助では、この「動作の共有」が大切な技術となります。

　実際の介助の場面では、動きのなかで互いの骨盤は離れてしまうこともあります。しかし、利用者と介助者双方の動きが伝わる状態であれば、一体化は継続します。それはバランス（つり合い）がとれている状態であり、これらを使いこなすことが、現場の実践技術としては重要になります。

check 1 重心を近づける

✕ 重心が離れている

一体化できず、力や動きが伝わらない。

○ 重心を近づける

1 つま先と膝を股関節から広げて一体化
する。

2 介助者が斜め後方に倒れるような動作
により、結果として、利用者も立ち上
がる。

③ 大きな筋群を使う

　次は、「大きな筋群を使う」という原則を考えていきましょう。「小さな筋肉に頼るよりは大きな筋群を活用したほうが楽に力を出せる」ということは、何となくイメージできると思います。しかし、具体的にどうしたらいいか？　ということになると、説明がむずかしくなってしまうのではないでしょうか。単に「大きな筋群を使う」というと、大きな筋群という「部分」があり、そこを活用するという誤解が生じますが、正確には、全身の筋群を連動させて（つなげて）使うということです。実際に大きな筋群をあたりまえに使えるようになると、負担なく大きな力を出せるようになるので、余裕をもって利用者の動きを引き出せるようになります。

　上半身では、背中と腕の筋肉を連動させることが大切です。下半身では、股関節を中心に使うことによって、下肢全体の筋群を連動させて使えるようになります。

　基本的には、介助の場面で利用者を抱え上げることは勧めません。ただし、緊急時、災害時など、場合によっては、どうしても抱え上げるしかないという状況も起こり得ます。そのようなときに、自然に大きな筋群が使えると、適切な技術として余裕をもって抱え上げることができるようになります。

　介護技術の基本は、「抱え上げない介護」であり、不必要に抱え上げる必要はありません。しかし、現場では例外も多く、実際に「抱え上げる技術を教えてほしい」という切実な声も寄せられます。大きな筋群の活用が有効なのは、複数人で対応する場合も同じです。

　また、ある程度、自分で動くことができる軽度の利用者の介助こそ、意識して、積極的に大きな筋群を活用してほしいと考えています。大きな筋群を使うことができれば、軽度の利用者への介護技術は、質的に向上します。そして基礎がしっかり身についていれば、重度の利用者への介助にも、応用しやすくなるはずです。

check 1　背中と腕の筋肉を連動させる

肩甲骨を広げたり寄せたりすることで、背中の筋群が使いやすくなる。

check 2　大腿筋を活用する

股関節を曲げて重心を低くすると、太腿の前側の大腿四頭筋だけでなく、内転筋、ハムストリングスなど、太腿全体の筋肉を活用できる。

④ 小さくまとめる

続いて、「小さくまとめて動かす」という原則です。

たとえば寝返りの介助を行う場合、身体を伸ばした状態では支持基底面が広く、とても動きにくくなります。動くためには支持基底面を狭める必要があります。支持基底面が広ければ、姿勢は安定しますが動きにくく、支持基底面が狭ければ、動きやすいですが、姿勢は不安定になるということです。

寝返りの介助の場面では、利用者の身体を小さくまとめて支持基底面を狭くして、身体が回転したら、姿勢が安定するように、支持基底面を広げるように姿勢を整えます。

check 1 小さくまとめる

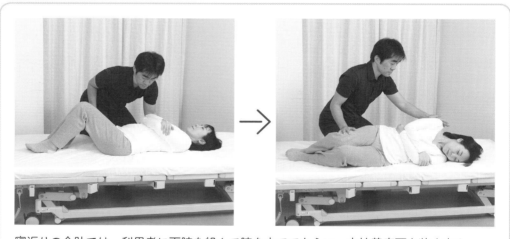

寝返りの介助では、利用者に両腕を組んで膝を立ててもらい、支持基底面を狭くする。

5）押すよりも引く

　次は、「「押す」よりも「引く」」という原則です。具体的には、「押すよりも引くほうが大きな力を出せる」という意味で、言い換えると「押すよりも引くほうが重心移動しやすい」ということです。

　「押す」という動作をよく見ると、いくら重心を前方にかけても、足指でぐっと踏ん張ってしまい、無意識に重心移動を止めてしまいがちです。一方で、「引く」という動作では、倒れるまで後方に重心を移動することができます。つまり、「押す」という動作に比べ、「引く」という動作は力を伝えやすいといえます。

check 1　押す動作と引く動作

押す

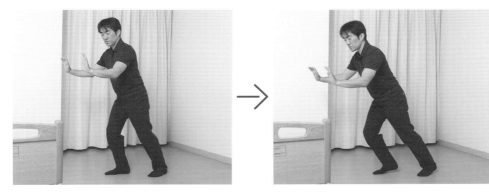

押す動作では、足指で踏ん張るため、重心移動が止まってしまう。

引く

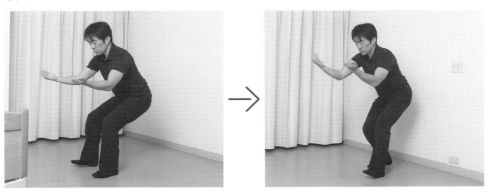

引く動作では、かかとで踏ん張ることができないため、スムーズな重心移動が可能になる。

⑥ 重心移動で動かす

　続いての原則は、「重心移動で動かす」です。これは、言い換えると「介助者が自ら力を出さずに動かす」ということです。このとき、支持基底面を広げた状態で足元を固めてしまうと、重心の移動は起こりにくくなります。足元を固めなければ、さまざまな方向への重心移動が可能になります。

check 1　重心移動

✕ **踏みしめている**

足元を固めると重心の移動は起こりにくい。

◯ **踏みしめていない**

足元を固めないと、さまざまな方向への重心移動もスムーズに行える。

7) 身体をひねらない

　ボディメカニクスには「身体をひねらない」という原則があります。なぜ身体をひねってはいけないのでしょうか。多くの人は「ひねると腰を痛めるから」と答えると思いますが、それは悪い副産物であって、直接の理由は「上半身と下半身の動きが途切れてしまうから」です。つまり、全身の連動が途切れることで、腰に負荷が集中した結果、痛めるということになります。

　身体をひねらないためには、足元を踏みしめないことが大切です。足元を固めた状態で、上半身を動かそうとすると、どうしても腰をひねってしまいます。「構える」というと、「しっかりと足元を固定する」というイメージがあると思いますが、足元を固定してしまうと、身動きがとりにくくなり、その状態で動こうとすると、腰をひねることになるのです。足元を踏みしめないで、足の裏に体重の偏りがないように立つと、さまざまに動いたときに自然と足の動きがついてきます。足を動かすのではなく、上半身の動きと足元の動きが常に一体化して動くイメージです。そのためには、上半身と下半身がつながって全身が連動していることが前提となるのです。

check 1　腰のひねり

✕　身体をひねっている

足元を固めると、腰をひねって上半身を動かすことになる。

◯ 身体をひねっていない

足元を固めなければ、全身が連動して動き、身体をひねる必要はない。

⑧ 「てこの原理」を活用する

　最後は、「てこの原理を活用する」という原則です。具体的には「小さな力を大きな力に変える」という意味があります。

　全介助が必要な利用者の起き上がりの介助の場面で考えてみます。まず、利用者の肩甲骨の下のあたりに膝をあてて支点とします。そして、背中と腕とを連動させた状態で

利用者を抱えます。これが作用点になります。てこの柄となる反対の足を上げて、ゆっくり下ろすことで、大きな力を必要とせず、利用者の上半身が起き上がってきます。てこの原理を活用すると大柄で全介助が必要な利用者に対しても、余裕をもって介助することができます。

　「てこの原理」は、単独で活用するのではなく、たとえば「重心を近づける」「大きな筋群を使う」「小さくまとめる」など、他のボディメカニクスの原則と組み合わせて活用すると効果的です。

check 1　小さな力を大きな力に変える

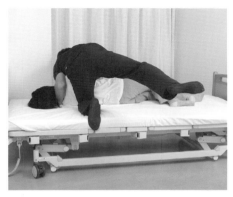

1 ベッドについた膝を「支点」、腕で抱えた場所を「作用点」として、「柄」である足を上げる。

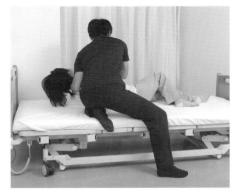

2 「柄」である足をゆっくり下ろすと、利用者の上半身が膝に乗る。

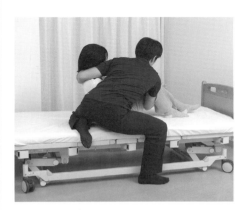

3 ゆっくりと上半身を起こす。

② 身体の使い方の4原則

　ボディメカニクスの8つの原則の意味を一つひとつ確認していくと、重なっている点があったり、現場では、常にいくつかを併用していることもわかってきます。そこで、共通点に着目して「身体の使い方の原則」を半分の4つに整理してみました。

　介護技術を学ぶ場合は、寝返り、起き上がり、立ち上がり、座り動作のように、個別の技術を手順どおりに身につけていく方法が一般的です。しかし、すべての技術に共通する4つの原則を理解し、使いこなすことができるようになれば、応用の幅は広がり、一人ひとりの利用者の状況に合わせて介助方法を工夫し、つくり出すことが可能になります。

　一つひとつの原則について、詳しくみていきましょう。

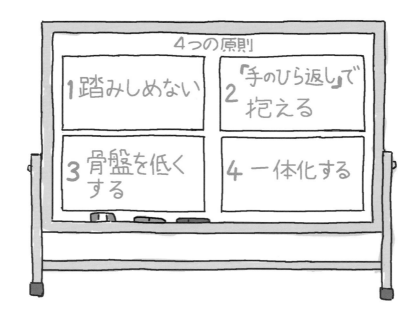

1）原則1：踏みしめない

　原則1は、「踏みしめない」です。ボディメカニクスの解説でも、くり返し出てきましたが、介助を行う場面では、しっかりと足元を固め、ぐっと踏みしめた状態で行うというイメージがあると思います。しかし、踏みしめてしまうと、足の位置が固定されてしまうので、介助の動作をする場合は腰を中心にひねり、上半身のみで動くことになってしまいます。これでは、全身の連動が途切れ、腰に大きな負担がかかります。また、「身体をひねらない」というボディメカニクスの原則にも反します。

　足元を踏みしめず、上半身の動きに合わせて下半身も同時に動かしていくと、上半身と下半身が体幹でつながり、全身の連動が引き出せるようになります。全身を連動させて介助を行うことで、肩や腰、膝などにかかる負担を分散させることができます。

　「踏みしめない」は、すべての動作に共通する原則です。介助の場面では、常に「踏みしめない」「足元を固めない」ということを意識しておくことが大切です。

> **check 1** 踏みしめない

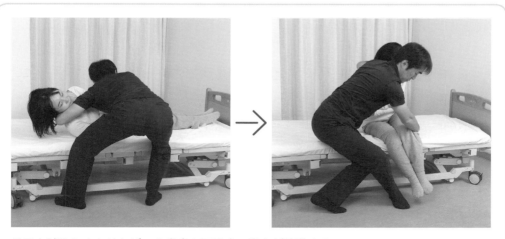

足元を踏みしめなければ、上半身と下半身の動きが連動する。

②）原則2：「手のひら返し」で抱える

　4つの原則のなかでも、介助の場面に取り入れやすく、効果がわかりやすいのが、原則2「「手のひら返し」で抱える」です。これは、背中と腕とを連動させて抱えることを意味します。

　介助の場面では、利用者にふれて支えたり、抱えたりすることは日常的に行われます。その支え方、抱え方の技術が向上すれば、介護技術全体の質が向上するといえます。背中と腕とを連動させて抱えることで、次の3つの効果が得られます。

> ①　負担なく大きな力が出せる
> ②　腕を長く使える
> ③　動作情報を感知しやすくなる

☑ 負担なく大きな力が出せる

　背中と腕とが連動することのメリットとして、小さな力で大きな力を引き出せるようになることが挙げられます。特別な筋力トレーニングの必要性もなく、今の身体をうまく使えるようになった結果、出せる力といえます。

　介助で利用者を抱えるときも、赤ちゃんを抱っこするときも、物を抱えるときも、ふつうは手のひらを内側にして抱えます。しかし、この場合は、腕を動かしやすいため、上腕二頭筋（力こぶ）を中心とした、部分的な力の活用になりがちです。

　そこで、「背筋力」に代表されるように、人の身体でもっとも大きな力を出すことができる背中と腕とを連動させる抱え方のコツとして、手の甲を内側にして腕をまわし、手首を持って抱えるという方法があります。この抱え方では、部分的な筋力に頼らず、楽に力を引き出せるようになります。まさに、ボディメカニクスの「大きな筋群を活用すること」そのものです。

☑ 背中と腕との連動

　ここでは、背中と腕とが連動することで、全身の力を引き出しやすくなるということを、二人一組になって実験してみましょう。

　ポイントは、肩甲骨の使い方にあります。手の甲が上になるように腕を回していくと、肩甲骨が広がりやすく、背中に適度な「張り」生まれます。この張りがあることが、背中と腕との連動性が高まったサインです。手のひらを上にして、漫然と抱えていると、肩甲骨の動きはあまりなく、背中の張りも高まりません。

　わかりやすいように、綱引きの綱をイメージしてみてください。綱引きの際に、綱がたるんでいたら、力は効率的に伝わりません。綱は、はじめからぴんと張っていたほうが、力の伝導効率は高くなります。さらに、背中の「張り」は、ギターや三味線の弦と同様に、張りすぎても、緩みすぎてもいない、適度な張りを保つことが重要で、適度な張りを保つことで、力の伝達効率が高まるといえます。この「適度な張り」をいかに見つけられるか、これは、自分自身で探ることが必要になります。

　この動作の効果を実際に試してみます。「受け手」は、手のひらを上にして手を組み、「攻め手」は手首を持って、肘を伸ばし、全体重をかけて「受け手」の手を押し込みます。すると、手のひらを上にしている場合は、腕の力を中心に支えることになり、負荷がかかりすぎて、耐えることがむずかしくなってしまいます。

　そこで「受け手」は手の甲を上にして腕を回して手を組み、再度、押し込んでもらいます。すると、今度は背中と腕とがしっかりと連動するため、楽に耐えることができます。大きな筋群がはたらき、楽に大きな力を引き出すことができたといえます。

1 「受け手」は、手のひらが上になるように組み、構える。

2 「攻め手」は「受け手」の手のひらの上に手を乗せ、全体重をかける。

3 腕の力だけでは、支えきれない。

check 2 手の甲を上にした場合

1 「受け手」は、手の甲が上になるように手を重ね、構える。

2 「攻め手」は「受け手」の手の甲の上に手を乗せ、全体重をかける。

3 背中と腕とが連動しているため、楽に耐えることができる。

☑「手のひら返し」で抱える

　先ほどの実験のとおり、手のひらを内側にして抱えるよりも、手の甲を内側にして抱えたほうが背中と腕が連動しやすく、楽に大きな力を出すことができます。しかし、実際に介護技術に活用する場合には、手の甲を内側にすると抱えにくく、その後の動作も

しづらくなります。やはり、手のひらを内側にして支えたり、抱えたりしたほうが、安定感がよく、その後の動作も行いやすいでしょう。

　そこで、手のひらを内側にしつつ、背中と腕を連動させる方法を考えていきます。まず、手の甲を内側にして腕を回し、背中に「適度な張り」が出たところで手首から先を返します。この状態で、利用者を支えたり、抱えたりするのです。背中の「適度な張り」は、背中の力が腕まで伝わりやすくなっていることを意味しています。つまり、背中と腕とが連動し、楽に大きな力が出せる状態になっているといえます。

練習1　手のひら返し

1　手の甲を内側にして、腕を大きく回す。

2　背中の「適度な張り」を保ちながら手首から先を返し、手のひらを内側に向ける。

☑ 腕を長く使える

　背中と腕を連動させると、通常よりも腕を長く使えるようになります。腕を長く使うことができれば、大柄な利用者でも余裕をもって抱えることができ、介護技術も行いやすくなります。

　特に意識していない場合、私たちは肩関節を中心に腕を動かしています。このとき、肩甲骨は活用していません。背中と腕を連動させることにより、肩甲骨の動きが加われば、その分だけ腕は長い状態で使うことができるようになります。具体的には、両腕を合わせて10〜20cmほど長くなります。この10〜20cmの長さを引き出すことができれば、介護技術にも大きな差がでてくることと思います。

　「手のひら返し」で抱えると、楽に大きな力を出せるだけでなく、肩甲骨を左右に広げることで、腕を長く使うこともできるようになるのです。

check 3　腕の長さの比較

手のひらを内側にして腕を伸ばす

肩甲骨は動いていないため、腕の長さはいつもと変わらない。

手の甲を内側にして腕を伸ばす

肩甲骨が広がった分だけ、腕が長く使えるようになっている。

☑ 動作情報を感知しやすくなる

　力まずに、リラックスした状況で背中と腕を連動させると、手のひらや腕など、利用者と接触している面を通して、利用者の微妙な重心移動やわずかな動きが伝わってきます。原則1のとおり「踏みしめない」状態であれば、利用者の動きに応じて、介助者は適切に動くことができます。

　介護技術では、とにかく形や手順を守ることに一生懸命になりすぎていて、利用者が身体を通して発信している情報を感知して、必要な介助をするという状況には至っていない現状があると思います。

　ある程度、自分で動くことができる利用者ももちろんですが、自分では動くことがむずかしいように見える利用者が身体で発信しているわずかな情報でもしっかりと受け止め、対応できるようになることが大切です。

　そして、利用者だけでなく介助者自身の動きも、力まずにリラックスすることで、感知し、技術の向上に活かせるようになります。

③） 原則3：骨盤を低くする

　「身体の使い方の原則」の3つ目は、「骨盤を低くする」です。介護技術では利用者の動きを引き出すことが基本です。しかし、本当は自分で動くことのできる利用者の動きを介助者が気づかないうちに邪魔をしている場面も少なくありません。それを改善するためには、利用者と介助者の骨盤の位置を確認します。

　たとえば、立ち上がる動作の介助で、利用者よりも介助者の骨盤の位置が高いと、利用者は前傾することができず、立ち上がることができません。また、この状況から「立ち上がることができない人」と判断され、その後、介助者は、毎回、抱え上げるような無理な介助を行ってしまいがちです。

　そこで、介助者の骨盤を低くすると、空間が生じ、利用者は前傾することができ、骨盤が自然に上がり、脚力に頼らずスムーズに立ち上がることができます。

check 1　介助者の骨盤の高さ

✕　骨盤の位置が高い

介助者が邪魔で、前傾できず、立ち上がることができない。「脚力がない」と判断し、無理に持ち上げようとしている。

◯　骨盤の位置を低くする

　→　

1　骨盤を下げながら引くと、利用者が前傾する。

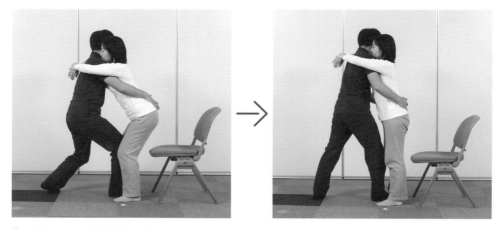

2 前傾すると骨盤が上がり、自然に立ち上がることができる。

✕　骨盤の位置が高い

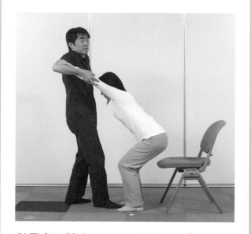

利用者の腕をつかんで引き上げている。利用者の骨盤が上がりにくく、脚力を発揮しにくい。

◯ 骨盤の位置を低くする

 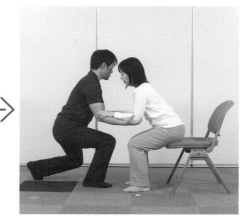

1 骨盤を下げながら引くと、利用者が前傾する。

2 前傾すると骨盤が上がり、自然に立ち上ることができる。

✕ **骨盤の位置が高い**

介助者が邪魔で、前傾できず、立ち上がることができない。「脚力がない」と判断し、無理に持ち上げようとしている。

◯ **骨盤の位置を低くする**

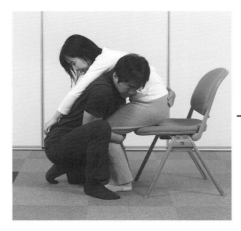 →

骨盤をしっかり下げることで利用者の前傾が引き出され、立ち上がることができる。

利用者と介助者の骨盤の位置関係は、立ち上がりだけでなく、体位変換や起き上がり、移乗など、さまざまな介護技術に共通して影響します。特に重度の利用者の介助では、介助者の骨盤を下げる動きが、利用者の動きを引き出し、負担なく介助することができる場面が多数あります。

一方で、骨盤の位置が高いと、腕の力で「吊り上げる」ような介助となり、負担が大きくなります。また、介助者と利用者の骨盤が離れてしまい、動きが伝わりにくくなります。骨盤の位置を低くして、お互いの骨盤の位置を近づけると、動作を共有することができ、介助者の足を利用者の足代わりに活用しやすくなります。

④ 原則4：一体化する

「身体の使い方の原則」の4つ目は、「一体化する」です。つまり、利用者と介助者が一体化することで、動作を共有することを指します。これは「原則3：骨盤を低くする」とセットで使われる原則です。

この原則は、利用者がある程度、自分で動くことができる場合には必要ありません。一体化することで、かえって動きを邪魔してしまうことになるからです。一方で、自分では動くことがむずかしい利用者では、できるだけ隙間なく密着し、一体化することで、介助者の動きや力が利用者に伝わりやすくなります。つまり、相手と一体化することで、動作を共有しやすくなり、新たな動きを引き出せるようになるのです。自分では動くことのむずかしい、全介助が必要な利用者の介助では、この原則がとても重要になります。

「一体化する」という原則を体感するために、「立っている人を抱え上げる」という簡単な実験をしてみます。離れた状態と一体化した状態で、重さがどう変化するかに着目して行ってみてください。

一体化するためには、互いの骨盤を近づける必要性があります。互いの骨盤が近づき、重心が一つになる状態が「一体化」です。「原則2：「手のひら返し」で抱える」と「原則3：骨盤を低くする」を同時に使うと、さらに負荷が分散され、楽に行うことができます。

check 1 立っている人を抱え上げる

✕ 一体化していない

胸は利用者に密着しているが骨盤が離れている。この状態で、抱え上げようとすると腰に大きな負担がかかる。

◯ 一体化している

 →

利用者の骨盤の下に介助者の骨盤が位置し、一体化している。重心が上下に重なり、一つになっていると、互いに負担なく抱え上げることができる。

check 2 いすから抱え上げる（全介助）

✕ 一体化していない

胸から腹部が大きく離れているため、動きが伝わりにくい。この状態で抱え上げると、腰に負担がかかる。

◯ 一体化している

1 利用者の腕を背中に乗せて、腰と太腿裏を抱える。腰を落とし、胸から腹部を近づけ一体化する。

2 一体化した状態で、利用者の前傾を引き出すと、骨盤が上がる。

3 介助者は後方に下がりながら、立ち上がる。

4 一体化していれば、負担なく抱え上げることができる。

　ここでは、あえて全介助の利用者を抱え上げる方法を実践しました。ある程度自分で動くことができる利用者であれば、その動きを引き出すという理想的な介護技術を行うことが大切です。しかし、環境、人員、障害の程度など、さまざまな要因から抱え上げる介助を行う状況もあります。その際に、動きが出せる利用者と重度の利用者で、介護技術が異なると考えてほしくはないのです。4原則を通して介護技術を見れば、軽度・重度の違いはあっても、利用者の動きを引き出すという根本は共通しています。違いに目を向けるだけでなく、共通することにも目を向けることで、介護技術の応用の幅も大きく広がります。

　全介助で抱え上げる介助が必要な場合にも、4原則を活用して、できる限り利用者の動きを引き出し、一体化することで、介助者が利用者の足の役割を担います。つまり、全介助が必要な利用者を抱え上げる技術こそ、基本技術の応用であり、4原則の効果が最大限に発揮される場面でもあります。

　もちろん環境や人員に恵まれていれば、利用者を抱え上げる技術は必要ありません。ただし、緊急時や災害時など、いざというときのために、無理のない範囲で抱え上げる技術に取り組むことは、技術向上のための選択肢の一つだと考えています。

第 **3** 部

「身体の使い方の 4原則」の活用方法

1 寝返り、起き上がり、ベッド上での移動の介助
2 立ち上がり、座り動作の介助
3 移乗の介助
4 二人でベッドや床から抱え上げる介助

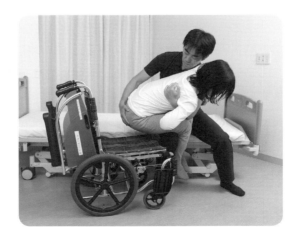

これまで、合理的な動きを引き出せる身体づくりを行い、それをふまえたうえで、ボディメカニクスを見直し、すべての介護技術の基礎となる原則を4つにまとめました。

　ここからは、4つの原則を介護現場の実践のなかで、どのように活用するか、その徹底のための練習をしていきます。今まで、漠然と「この利用者さんはなんだか大変だ」「大柄だからうまくいかない」「二人介助でも重く感じる」など、もやもやしていたことを、4つの原則で解消していきましょう。

　「身体の使い方の4原則」を活用することで、次のことが可能になります。

① 問題点の分析
② 技術の改善
③ 利用者に合った技術の創造

　現場での「もやもや」は、問題点が明確になっていないときに起こる感情です。その感情はもちろん大事ですが、具体的な問題点が見えていなければ、解決の糸口も見えてきません。まずは、一つひとつの原則に照らし合わせてチェックし、うまくできていないことを見つけ、問題点を明確にします。問題点が明確になれば、一つひとつの原則に合った正確な動きを意識していけば、おのずと技術は改善されていきます。

　ただし、いきなり4つすべての原則を意識して変えるのはむずかしいことです。そこで、一つの原則にスポットをあてて行う解説も加えてみました。原則が一つだけでは心もとないと思うかもしれません。しかし、原則は単独で使われることはほとんどなく、すべて有機的なつながりをもって活用されています。したがって、一つの原則を完全なものにすると、複合的に他の原則も行いやすくなり、結果としてすべての原則が使えるようになり、技術のレベルアップが可能になります。

　介護技術を「4つの原則」の視点で分析し、改善できるようになってくると、現場で突発的に起こるトラブルや困難事例にも、落ち着いて対応できるようになり、利用者の状態、現場の環境、人員配置などの条件に応じて、最適な介護技術を自らつくり出すことも可能になってきます。実は、これから紹介する技術のなかには、原則に基づいてつくり出してきたものも含まれています。

　原則を活用する技術としては、基本的に重度の利用者への対応で、あえて難易度の高いものを選んでいます。形だけ真似しても実践では活用しづらいからこそ、原則に基づいて技術を行うことの重要さに気づいてもらえることを意識したからです。そして、重

度の利用者への介護技術が原則の徹底により、正確に行えるようになれば、利用者の動きを引き出せるようになり、軽度の利用者への技術も自然と向上していきます。

　これから行うことを例えるならば、原則は算数や数学の「公式」にあたり、一連の技術は、公式（原則）を使いこなすための「練習問題」です。くり返し練習し、現場で活用するための基礎をつくっていきましょう。そして、原則がうまく活用できないと感じたら、「身体づくり」に戻って見直しをはかり、再度、原則に臨みましょう。その取り組みが、新しい技術をつくったり、技術の質を向上させたりする原動力になるのです。

コラム

「身体の使い方の4原則」を現場で活用しよう！

　日々の介助を行うときには、ここで活用した「身体の使い方の4原則」を意識して取り組むことをおすすめします。そのことで、自分自身の技術がなぜうまくいかないのか、または、なぜうまくできたのかを捉え直すことができるようになります。

　最近では、スマートフォンなどを使って、簡単に動画を撮影することもできます。客観的に動画を分析する視点として、この4原則を活用してみると、さらに改善もしやすくなってきます。そして、自分だけでなく、同僚や後輩などの他者に技術を伝えるときにも、この原則があることで伝えやすく、ポイントも共有しやすくなるというメリットもあります。

　介護技術の共通言語としてのシンプルな「身体の使い方の4原則」を使いこなしてみてください。

1 寝返り、起き上がり、ベッド上での移動の介助

1 ）起き上がりの介助

　全介助が必要な利用者の起き上がりの介助では、吊り上げるように起こしがちです。しかし、重度の利用者だからこそ、通常の起き上がりの動きを引き出すことで、利用者と介助者双方に負担のない介助が可能になります。

　腹筋運動のような起き上がりではなく、頭が半円を描くような合理的な起き上がりの動きを引き出すためには、【原則2：「手のひら返し」で抱える】の活用がポイントになります。

　首筋から斜めに手を差し入れることで、垂直に持ち上げることがしにくくなり、相手が横を向きながら、半円を描いて起き上がってくる動作につながります。全介助が必要な利用者でも、背中と腕とが連動しているので、通常より楽に抱えられて、動きに余裕が出てきます。その動きを止めないように、骨盤を下げ、足を踏みしめずに回転していくと、介助者と利用者の骨盤も近づいて、安定した座位に導くことができます。

✕ 腰と腕の力で
吊り上げている

◯ 起き上がりの介助

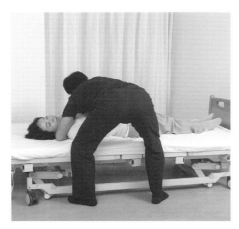

1 足を踏みしめず、背中と腕を連動させて、抱える。

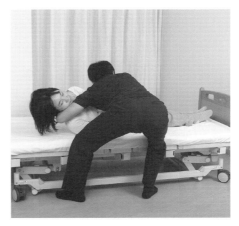

2 つま先と膝を広げ、骨盤を下げると、利用者が起きてくる。

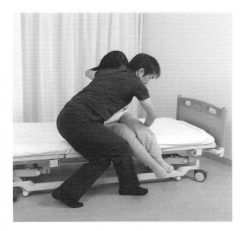

3 腰をひねらず、身体全体で回転する。

4 ベッドに座り、利用者の姿勢を整える。

◯ 「手のひら返し」で抱える

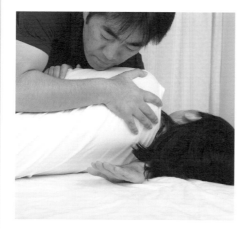

1 手の甲を上にして差し入れる。

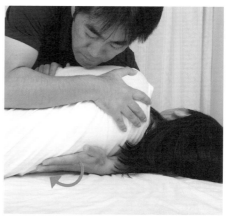

2 手首から先を返す。

＼ 原則のチェック ／

原則1 踏みしめない	✖ 踏みしめたまま起こそうとすると、腰がねじれる。 ◯ 踏みしめず足元を動かすことで、全身が連動する。腰もねじれず、起こしやすくなる。
原則2 「手のひら返し」で抱える	✖ 腕力だけで引き起こすことになる。 ◯ 首筋から斜めに手の甲を差し入れ、肩甲骨を広げ、手首を返し、背中と腕とを連動させる。
原則3 骨盤を低くする	✖ 骨盤が高いと、吊り上げることになり、利用者の動作が引き出せない。 ◯ 骨盤を下げることで、利用者の上半身が起きてくる。
原則4 一体化する	✖ 介助者の骨盤が高くなり、動作中に利用者の骨盤と離れたままになる。 ◯ 骨盤を下げながら回転していくと、最終的に互いの骨盤が近づく。

2） 起き上がりの介助 （ベッドに膝をつく方法）

　大柄で重度の利用者の場合、腕も回しにくくなるため、1）のような基本的な起こし方では困難になります。そこで、体位変換と「てこの原理」を組み合わせた技術を紹介します。この方法ですと、大柄で重度の利用者に対しても比較的簡単に行うことができます。ただ、形だけを真似すると、介助者の骨盤が高いまま、腰と腕力を使って利用者を吊り上げるように起こすことになりがちです。

　そこで、【原則3：骨盤を下げる】を中心に活用します。ベッドに膝をつき、利用者の背中にあて、「てこ」の支点をつくります。抱えた腕が作用点となり、上げた骨盤から足が力点となるように構えます。骨盤と足をゆっくりと下ろすと、支点となる膝の上に利用者が起き上がってきます。

　うまく「てこ」が効くと、力感はほとんどなく起こすことができます。そこから、膝を固定せず（踏みしめず）、回転させていくと、利用者は端座位になります。

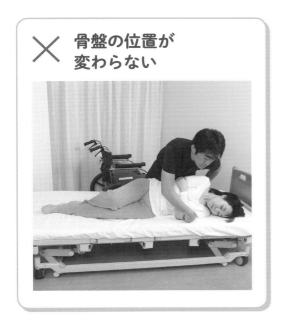

✕ 骨盤の位置が
　変わらない

◯ 起き上がりの介助

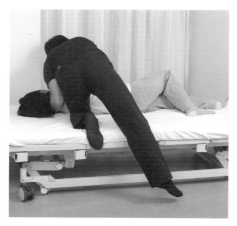

1 ベッドに膝をつき、利用者の背中に太腿をあてる。背中と腕を連動させて、抱える。

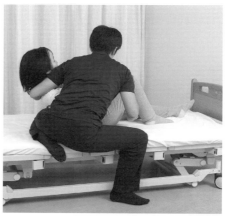

2 骨盤を下げると、利用者の上半身が起きてくる。

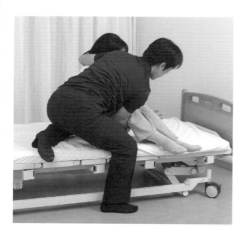

3 利用者と一緒に回転しながら、起こしていく。

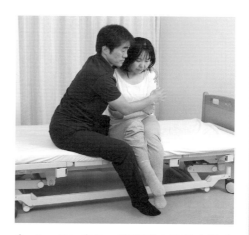

4 ベッドに座り、利用者の座位を整える。

―― \ **原則のチェック** / ――――――――――――――

原則1 踏みしめない	✕ ベッドについた膝に荷重をかけすぎると、その後、動きにくくなる。
	⭕ 膝は軽くつくことで、利用者を起こし、回転する動作がしやすくなる。
原則2 「手のひら返し」 で抱える	✕ 腕だけで持ち上げるように起こしてしまう。
	⭕ 背中と腕とが連動するため、肩と肘を軽く支える程度でも十分に抱えられる。
原則3 骨盤を低くする	✕ 最初から最後まで骨盤の位置が変わらないと、利用者の動きは引き出せない。
	⭕ 骨盤を上げてから下げることで、膝を支点にした「てこの原理」がはたらく。
原則4 一体化する	✕ 膝、太腿が利用者の背中から離れ、胸から腹も離れてしまう。
	⭕ 膝から太腿を肩甲骨の下にあて、胸から腹で肩を覆うようにして密着する。

③） 床からの起き上がりの介助

　床の上で全介助が必要な利用者を起こすとなると、ベッド上で起こす場合よりも動きにくくなり、足元を固めて、ぐっと持ち上げてしまうような起こし方になりがちです。しかし、踏みしめることで、動きは完全に止まってしまい、腰と腕力を中心に持ち上げることになります。利用者の動きをまったく引き出すことができません。

　そこで、【原則1：踏みしめない】を意識して、足元を固めずに動かすことが大切になります。まず、骨盤の位置を下げていくと、利用者が起き上がってきます。そのタイミングで膝を倒します。このときに足を踏みしめていなければ、利用者の後方に回り込むことができます。結果として、利用者が起き上がる動きと、介助者が回転する動きが一致し、楽に起こせるようになります。

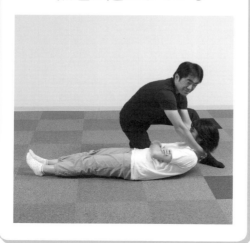

✕ 腰を中心に腕の力で
無理に起こしている

◯ 床からの起き上がりの介助

1 片膝を立て、背中と腕とを連動させて、利用者を抱える。

2 骨盤を下げると利用者が起きてくる。

3 介助者の上半身を前傾させて利用者が
　起き上がってきたタイミングで片膝を
　倒す。

4 利用者の後ろに回り込み、姿勢を整え
　る。

＼ 原則のチェック ／

原則1 踏みしめない	✕ 片膝を立てたまま踏みしめていると、身動きがとれない。 ◯ 踏みしめないことで、片膝を倒し回転する動作がスムーズに行える。
原則2 「手のひら返し」 で抱える	✕ 腕だけで持ち上げるように起こしてしまう。 ◯ 首筋から斜めに手の甲を入れ、肩甲骨を広げ、手首を返して背中と腕 　とを連動させる。
原則3 骨盤を低くする	✕ 骨盤が高いままだと吊り上げることになり、利用者の動作が引き出せ 　ない。 ◯ 最初は骨盤を高くして、下げることにより利用者の動きを引き出す。
原則4 一体化する	✕ 介助者の骨盤が高いと、動作中に利用者の骨盤と離れたままになる。 ◯ 起こしていくにしたがって、骨盤が近くなり、最後には一体化する。

④）ベッド上での移動の介助（下から上）

　全介助が必要な利用者が、ベッドの下方にずれてしまった場合に、上方に移動する介助は、介護現場では頻繁に行われています。しかし、力任せになりがちなため、困難な技術の一つともいえるのではないでしょうか。力ではなく、重心移動を使うためには、【原則1：踏みしめない】が重要になります。

　足元を踏みしめた状態で、上半身だけを傾けて重心移動を行おうとする人をよく見かけます。しかし、足元を踏みしめてしまうと、足腰の動きが出せなくなり、重心の移動がストップしてしまいます。最後まで踏みしめないことによって、上半身だけでなく下半身を含めた全身が重心移動に参加できるようになります。

　また、接触点である背中と腕とを連動させて抱え、一体化することが必要です。この状態で抱えると、介助者が前方に倒れる動きが利用者に伝わりやすくなり、スムーズで力感のない上方移動が可能になります。

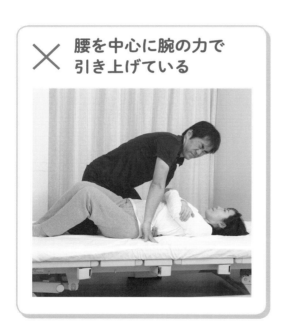

✕ 腰を中心に腕の力で引き上げている

◯ ベッド上での移動の介助（下から上）

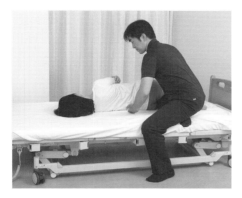

1 ベッドに膝をつき、背中と腕とを連動させて、利用者の腰の位置に手を差し入れる。

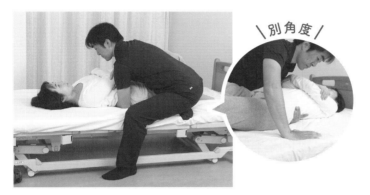

＼別角度／

2 利用者を仰臥位にして、反対側までしっかり腕を差し入れ、片膝を利用者の膝裏に差し入れて一体化する。

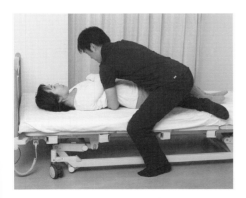

3 一体化したまま介助者が前方に倒れていくと、利用者が上方に移動する。

原則1 踏みしめない	✕ 足元を踏みしめると、ベッドについた腕も力んで、動きが止まってしまう。
	〇 足元を踏みしめず、手もバランスをとる程度で力まないと、重心移動が可能になる。
原則2 「手のひら返し」で抱える	✕ 腕だけで抱えてしまうと、腕力だけで引き上げてしまう。
	〇 腕と体幹（背中）が連動し、重心移動が伝わりやすくなる。
原則3 骨盤を低くする	✕ 片膝をつき、腰を上げながら利用者を引き上げてしまう。
	〇 移動の動作中に骨盤が上がりすぎないようにする。
原則4 一体化する	✕ 骨盤が高い位置で構えていると、一体化できない。
	〇 片膝を利用者の膝裏に差し入れることで、両者の骨盤が近づき、一体化する。

5) ベッド上での座位を整える介助

　胃ろうや経管栄養を行っている利用者が、ベッド上で少しずつずり下がってしまったり、ベッド上で食事介助をしている間に、少しずつずり下がってしまうことがあります。この状態から座り直しをする場合、脇のあたりを抱えてむりやり「よいしょ」と戻すと、腰が残ってしまいます。この場合は、【原則3：骨盤を低くする】を活用し、利用者が前傾することで骨盤を上げるという基本動作が重要になります。

　膝を利用者の両膝裏に差し入れ、この状態で抱えます。そこから、利用者の上半身を前傾させると骨盤が上がってきます。そのタイミングで、介助者も前傾し、足元を踏みしめないことで、倒れる力を活用し、前に滑るように移動させます。この技術を用いると、元の位置まで楽に戻せるようになります。仮に、前傾が不十分で骨盤が上がらず、利用者の腰が残ったままでは、いくら踏みしめない状態でも、移動することは困難になります。

✕ 腰を中心に、腕の力で引き上げている

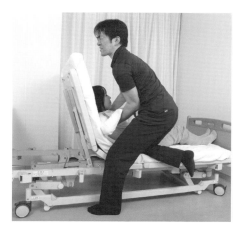

◯ ベッド上での座位を整える介助

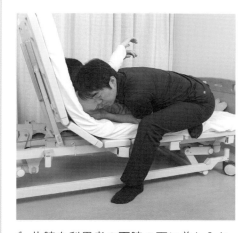

1 片膝を利用者の両膝の下に差し入れ、隙間をなくすように一体化する。

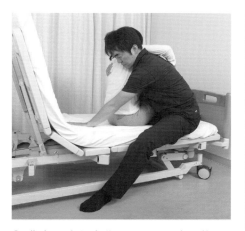

2 背中と腕を連動させて利用者を抱え、片手でベッドを押しながら上半身を起こす。

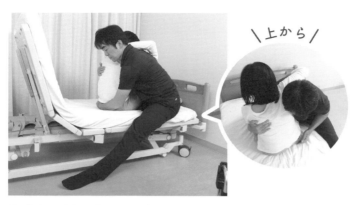

\上から/

3 背中と骨盤を抱え、再度、一体化する。

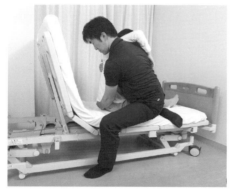

4 膝を曲げ、利用者の前傾を促すと、骨盤が上がってくる。

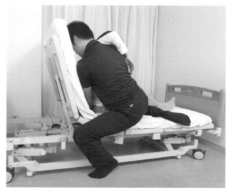

5 介助者が前方に倒れる動きで、利用者も後方に移動する。

＼ 原則のチェック ／

原則1 踏みしめない	✕ 足元と膝を踏みしめる（固める）と、持ち上げる動きになる。 〇 足を前に出し、踏みしめないことで、前方へスライドしやすくなる。
原則2 「手のひら返し」 で抱える	✕ 脇の下に手を差し入れ、腕の力だけで引き上げてしまう。 〇 背中と腕との連動はもちろん、胸から腹でも利用者を抱える。
原則3 骨盤を低くする	✕ 骨盤が高いままだと、垂直方向に持ち上げてしまう。 〇 片膝をつき、利用者の骨盤と平行に近いくらいに下げ、一体化する。
原則4 一体化する	✕ 利用者の上から引き上げると、互いの骨盤はかなり離れてしまう。 〇 利用者の両膝裏に片膝を入れると、互いの骨盤が近づき、一体化する。

② 立ち上がり、座り動作の介助

1 ）立ち上がりの介助（片麻痺のある人）

　片麻痺のある人の立位介助の場面でよく見るのは、介助者の肩に手をかけてもらい、利用者の腰のあたりをしっかり抱えたり、ベルトなどを持ったりして、そのまま持ち上げる方法です。この方法では、前傾したとしても立ち上がりにくくなります。

　骨盤の位置が高いことが最大の原因としてありますが、もう一つ、片麻痺がある場合の特有の原因もあります。基本的なこととして、片麻痺のある人は、そのまま正面に前傾すると立ち上がりにくいのです。片麻痺のある人は、健側の方向に向かって前傾を促すと立ち上がりやすくなります。

　【原則3：骨盤を低くする】を活用することで、利用者に健側に向かって前傾してもらうと骨盤が上がってきます。その際に、膝を押すことで、膝が伸び、立ち上がりやすくなります。

✕ **垂直方向に引き上げている**

◯ 立ち上がりの介助

1　背中と腕を連動させて利用者の骨盤を
　抱え、反対の手を健側の膝にあてる。

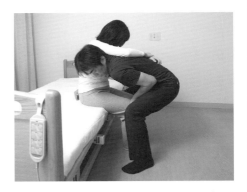

2　利用者の膝に手をあてたまま、骨盤を
　下げていく。

3　利用者が前傾し、骨盤が上がってくる
　タイミングで膝を押す。

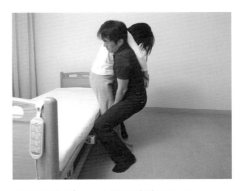

4　膝を伸ばし、立位を安定させる。

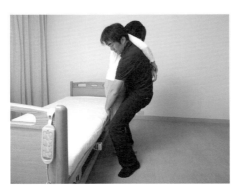

5　立位が不安定な場合は、骨盤と太腿を
　抱え、さらに利用者の両膝を介助者の
　太腿の内側で支える。

原則1 踏みしめない	✕ 足を踏みしめてしまうと、垂直方向に持ち上げることになる。 ◯ 前傾を引き出す際には、つま先を広げ、立ち上がる際には、つま先を閉じていく。
原則2 「手のひら返し」で抱える	✕ 見た目は同じでも、腕の力だけで抱えるのは負担が大きい。 ◯ 手は利用者の骨盤と膝に置き、両肩甲骨を広げて、背中と腕とを連動させて抱える。
原則3 骨盤を低くする	✕ 骨盤が高いと利用者の前傾を引き出せず、垂直に持ち上げてしまう。 ◯ 骨盤を低くし、利用者の前傾を健側の方向に引き出す。
原則4 一体化する	✕ 自ら動くことのできる利用者の場合は、基本的に一体化する必要はない。 ◯ 立位保持の際のみ、お互いの骨盤を近づけて一体化し、安定させる。

2） 床からの立ち上がりの介助（後方に引く方法）

　床に座り込んだまま、立ち上がることが困難な利用者に対する介助で、後ろに引く方法です。この場合も足元を固めてしまうと後方への動きが引き出せなくなります。この状態で立ち上がらせようとすると、腰と腕力を中心に引き上げることになってしまいます。足元を固めて、つま先と膝が前を向いた状態では、膝関節中心の動きとなり、垂直の動きしか出せないからです。

　そこで、【原則1：踏みしめない】を徹底します。まず、つま先と膝を外に向けることで、利用者に近づいて抱えられるようになります。そして、前傾しながら腰を上げ、つま先と膝を閉じながら、斜め後方へ倒れるようにして立ち上がっていくと、結果として力感なく利用者も立ち上がってきます。後ろに引いているようには見えにくいですが、それは、介助者自身が倒れていく動きを利用者の体重で支えてもらっている状態だからです。つまり、介助者と利用者の重心のバランスがとれているため、止まっている状態に見えるのです。

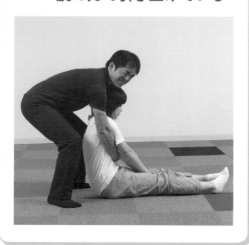

✕ 足を踏みしめ、腰を中心に、腕の力で引き上げている

◯ 床からの立ち上がりの介助

＼ 正面 ／

1 股関節から、膝とつま先を開き、骨盤を下げてしっかりとしゃがみ、一体化する。背中と腕を連動させ、骨盤を抱える。

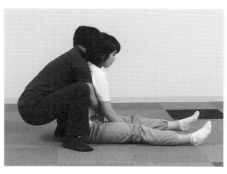

2 骨盤を浮かし、後方に体重を移動して
　いく。

3 バランスを保ちながら後方に倒れる動
　きによって、利用者の骨盤が上がって
　くる。

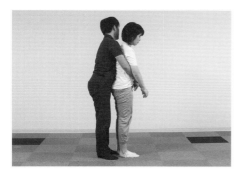

4 介助者の倒れる動きに引き寄せられる
　ように介助者が立ち上がってくる。

＼ 原則のチェック ／

原則1 踏みしめない	✕ 足を踏みしめると、腰を中心に腕力で吊り上げてしまう。 ◯ 足を踏みしめないことで、後方への体重移動が可能になる。
原則2 「手のひら返し」 で抱える	✕ 利用者の脇の下から腕力で抱えると、肋骨を引き絞ることになり、危険。 ◯ 利用者の骨盤を抱えることで、重心を捉え、体重移動を伝えやすくなる。
原則3 骨盤を低くする	✕ 骨盤が高いまま構えていると、腰を中心に引き上げてしまう。 ◯ つま先、膝、股関節を広げ、骨盤をしっかり下げ、安定した状態で構える。
原則4 一体化する	✕ 介助者と利用者の骨盤が離れすぎていると、一体化できない。 ◯ 安定してしゃがめていると、利用者と一体化できる。

③） 床からの立ち上がりの介助
（かかとを支点にする方法）

　拘縮などにより、膝が曲がりにくい人でも、立てば歩けるという人がいます。このような人の場合、ベッドや車いすでは、自分である程度、動けるのですが、床に座り込んでしまうと立ち上がるのがむずかしくなります。

　そこで、【原則1：踏みしめない】を中心に活用して、利用者の動きを引き出しながら立ち上がりを介助する方法を紹介します。抱え方は、「手のひら返し」で背中と腕を連動させて、腕が長い状態で、かつ負担なく大きな力を引き出せる状態で抱えることが重要です。そして、骨盤を抱え、利用者にしっかりと近づいて一体化します。

　上半身を横に倒すと骨盤が上がってきます。骨盤が上がってくると前傾しやすくなります。そこから、利用者のかかとに重心を移動していきます。かかとに利用者の重さが乗ってくるような状態です。前傾を保ちながら前に進んでいくと、かかとを支点にして立ち上がることができます。

　しゃがんだ体勢で前に進む動きは、足元を踏みしめているとできません。この動きは、股関節のチェックで行った「草取りの動き」そのものです。「草取りの動き」が苦手な人は、股関節の動きを見直すことをおすすめします。

× 腰を中心に、腕の力で
引き上げている

◯ 床からの立ち上がりの介助

1 つま先と膝を広げて腰を下げ、利用者の骨盤をしっかりと抱え一体化する。

\横から/

2 利用者の上半身を横に傾け、前傾していくと骨盤が上がる。

\横から/

3 利用者のかかとを支点にして、前方に立ち上がっていく。

原則1 踏みしめない	✘ 踏みしめてしまうと、上方向に引き上げる動作になってしまう。 ◯ 踏みしめないと、股関節が動きやすくなり、前方に進みやすくなる。
原則2 「手のひら返し」 で抱える	✘ 脇の下から抱え、肋骨を引き絞るため、危険性が高まる。 ◯ 手の甲から腕を回すことで、腕を長く使えるため、余裕をもって抱えられる。
原則3 骨盤を低くする	✘ 骨盤の位置が高いと、動きは上下に限定され、引き上げる動作になってしまう。 ◯ 骨盤を下げることで、利用者の骨盤と同じ高さとなり、動きを伝えやすくなる。
原則4 一体化する	✘ 骨盤が高いと、互いの骨盤が離れて一体化できない。 ◯ 後方から抱え一体化する。動くと離れるが、つり合いを保ちながら再度、近づける。

④） 床からの立ち上がりの介助
（利用者の片膝を立てる方法）

　ある程度、足を動かせる人に対して、脚力を引き出しながら立ち上がりを介助する技術です。利用者が両膝を立てた状態で、前から腕を引っ張って介助する場面をよく見かけますが、相手との空間が開きすぎているうえに、支持基底面も狭いので、転倒の危険性も高くなります。

　そこで、利用者の片膝を立てた状態から立ち上がっていきます。前後で構えることができるので支持基底面も広がり、立位も安定します。介助者の動きとしては、立てた片膝の方向に向かって、利用者の前傾を促し、足の裏に体重が乗るように前方へ進みます。すると、膝が伸び、力感なく、立ち上がることができます。

　ここでもっとも重要なのは【原則1：踏みしめない】です。足元を踏みしめてしまうと、上に吊り上げる動作になりがちです。踏みしめず、前方へ歩きながら立ち上がっていくことで、利用者の立ち上がりを引き出します。うまくいかないときは、第1部の「身体の使い方」、特に股関節の動きを見直してみましょう。この動作も「草取りの動き」がベースになっています。

✕ 腕の力で引っ張り、無理に 立ち上がらせようとしている

○ 床からの立ち上がりの介助

＼手元のアップ／

1 利用者の片膝を立て、背中と腕を連動させて後方から抱える。太腿を内側から抱え、足の位置がずれるのを防ぐ。

\横から/

2 介助者が立ち上がりながら、利用者の立てた片膝とつま先が重なるように前方へ誘導する。骨盤が上がるタイミングで、内腿を支える手は自然に離す。

\横から/

3 膝とつま先が重なり、足に体重が乗って安定すると、膝が伸び、立ち上がることができる。

＼ 原則のチェック ／

原則1 踏みしめない	✕ 足を踏ん張り、腰が高いまま構えると、上方に引き上げることになる。 ○ 足元を踏みしめず、片膝を立て、もう片膝とつま先を床について構える。
原則2 「手のひら返し」 で抱える	✕ 利用者の両腕を持ち、腕力だけで引き上げることになる。 ○ 体幹、背中、腕を連動させ、利用者の後方から全身で包むように抱える。
原則3 骨盤を低くする	✕ 骨盤が高いまま構えていると、利用者の動きを引き出せない。 ○ 股関節から膝とつま先を広げ、骨盤をしっかりと下げて安定した体勢をとる。
原則4 一体化する	✕ 両腕を伸ばしたまま引き上げると、骨盤はかなり離れていて一体化できない。 ○ 安定してしゃがめていると、利用者と一体化できる。

⑤）ベッドへの座り動作の介助

　重度の利用者が車いすやベッドに座るとき、尻もちをつくような介助をしてしまうことは、現実的に少なくありません。ここでの問題点は、利用者の前傾を引き出していないということです。利用者の要介護度が高くなると、利用者の動きを引き出すという視点が抜けてしまいがちです。【原則1：踏みしめない】を中心に活用することで、利用者の前傾を引き出していきましょう。

　工夫としては、利用者の骨盤全体に、介助者の手の甲から前腕をあてます。なぜかというと、前傾は股関節からするものですが、何も支えがないと、バランスを崩す恐怖心から身体を固めてしまいがちになるからです。そこで、骨盤全体に手をあてて支えをつくることによって股関節からの前傾を引き出します。このとき、介助者の肩から背中に、利用者の腕をかけてもらうことで、さらに安心して前傾できるようになります。

　介助者と利用者の骨盤の位置が平行では前傾を引き出すことができないため、介助者の骨盤は利用者よりも下げます。このとき、つま先と膝を前に向けたままでは、骨盤が下げきれません。つま先と膝を外に向けると、股関節が広がり、骨盤を下げやすくなります。つまり、足元を固めずにつま先と膝を広げていくと、骨盤が下げられるのです。

　骨盤が下がれば、利用者は自然と前傾し、バランスがとれた状態でゆっくりと座ることができます。

× 利用者の骨盤の重さを
支えきれず、尻もちを
つくように座らせる

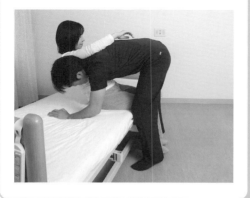

◯ ベッドへの座り動作の介助

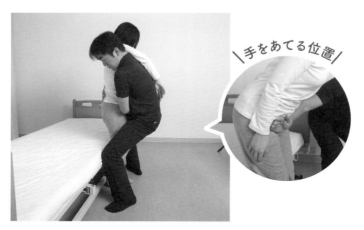

＼手をあてる位置／

1 利用者の腕を肩にかけてもらい、手の甲から前腕を骨盤にあてる。

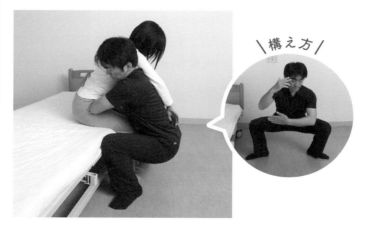

＼構え方／

2 踏みしめず、股関節を曲げ、膝とつま先を広げながら骨盤を下げていく。利用者は前傾しながら、ゆっくりと座ることができる。

原則1 踏みしめない	✕ つま先と膝が前を向いたまま踏みしめていると、骨盤を下げられない。 〇 つま先と膝を股関節から広げていくと、しっかりと骨盤を下げることができる。
原則2 「手のひら返し」 で抱える	✕ ベルトやウエスト部分を持って腕力中心に抱えてしまう。 〇 左右の肩甲骨を広げ、腰は手のひらから抱え、骨盤には手の甲をあてる。
原則3 骨盤を低くする	✕ 介助者の骨盤が高いと利用者が前傾できず、尻もちをつくような座り方になる。 〇 つま先を広げ、骨盤を下げることで、利用者が前傾する空間ができる。
原則4 一体化する	✕ 最初から骨盤が離れていると、利用者の骨盤がずり下がるように座ることになる。 〇 最初は一体化し、前傾を引き出すため、離れていく。

⑥ 車いすへの座り動作の介助

　ある程度、自分で動くことができる利用者が、立位から座位になる介助を行うとき、なかなかうまく座れず、押し倒すようにして座らせてしまう場面が、残念ながら見られます。なぜ座りにくいかといえば、介助者の骨盤の位置が高く、利用者の前傾を邪魔してしまうからです。

　そこで、【原則3：骨盤を低くする】を活用し、正確な前傾を引き出し、座りやすくする介助を行います。バランス感覚が低下している利用者にとっては、前傾することは、「転倒するかもしれない」という恐怖心が起こり躊躇することが少なくありません。利用者の骨盤に手をあてることで、安定し、バランスのとれた前傾がしやすくなります。そして、安定することで、無駄な力みがなくなり、股関節も動きやすくなるので、骨盤から前傾する正確な動作を引き出しやすくなります。

　ただし、その動作を引き出すには、介助者は骨盤を正確に下げる必要があります。利用者は安定した前傾姿勢を保つことで、ゆっくりと座ることが可能になるのです。

✕ 利用者の身体が反ったまま、
無理に座らせている

◯ 車いすへの座り動作の介助

1 足を踏みしめず、背中と腕を連動させ
て、利用者の背中と骨盤を支える。

2 股関節を曲げ、膝とつま先を広げなが
ら骨盤を下げ、利用者の前傾を引き出
す。

3 利用者の前傾が十分に出せるまで、介助者は骨盤を十分に下げる。

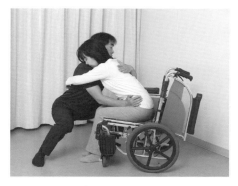

4 バランスがとれた状態でゆっくり座る。

5 上半身を起こして、座位を整える。

＼ 原則のチェック ／

原則1 踏みしめない	✕ 足元を踏みしめると、膝も身体も伸びたままとなり動きにくくなる。 ○ 足元を踏みしめなければ、利用者の前傾に合わせて骨盤を下げることができる。
原則2 「手のひら返し」で抱える	✕ 手首を持ち、腕力で利用者を引き寄せてしまう。 ○ 両方の肩甲骨を広げた状態で、背中を抱え、骨盤に手をあてる。
原則3 骨盤を低くする	✕ 介助者の骨盤が高いと、利用者の邪魔になり前傾できない。 ○ 介助者の骨盤が下がることで、利用者が前傾する空間ができる。
原則4 一体化する	✕ 動くことができる利用者に近づきすぎていると、動きを引き出せない。この場合は、一体化は不要。 ○ 利用者が動きやすいように、適度な空間を保ちながら介助する。

3 移乗の介助

1） ベッドから車いすへの移乗
（ベッドに座って行う方法）

　全介助が必要な利用者の移乗の介助で、いすやベッドに座りながら行う方法です。座るということは、【原則3：骨盤を低くする】の実践がむずかしく、足腰が不安定な介助者でも、安定した状態をつくることができます。土台が安定したら、利用者と一体化していきます。接触できるところは接触させて、すき間なく近づくようにします。

　まず、膝を差し入れ、次に、利用者の両脇から介助者の腕を差し入れ、骨盤も抱えます。一体化するからこそ動作を共有できるようになり、全介助が必要な利用者でも動きを引き出しやすくなります。そして、利用者の前傾を促すと、骨盤が上がり、介助者の足腰を動かしやすくなります。つま先を左右にふりながら利用者を車いすに座らせます。

　このような技術を身につけておくことにより、大柄な人の介助、全介助が必要な人の介助にも可能性が出てきます。技術の形や手順を覚えるという発想より、自分の足腰の状態をきちんと把握して、足腰が不安定だと思ったらいすやベッドに助けてもらう（自分の足腰を介助してもらう）という発想をしてみてはいかがでしょうか。

✕ 骨盤が高いまま持ち上げている

◯ ベッドから車いすへの移乗

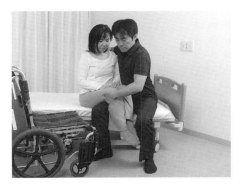

1 利用者の両膝の裏に片膝を差し入れる。

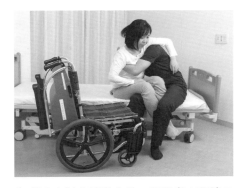

2 背中と腕を連動させ、利用者の両脇の下から腕を回し、背中と骨盤を抱える。

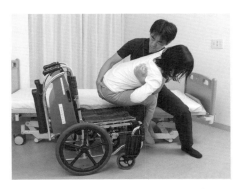

3 利用者の前傾を促し、骨盤を上げる。

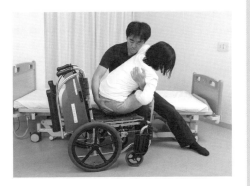

4 前傾の姿勢を保ちながら、介助者のつま先をふって、車いす側に動かし、座らせる。

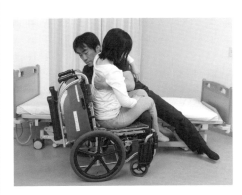

5 上半身を起こし、座位を整える。

＼ 原則のチェック ／

原則1 踏みしめない	✕	足元を踏ん張ると、利用者を上に引き上げてしまう。
	○	車いすのほうに回転する際、足元を踏みしめず、つま先をふるようにする。
原則2 「手のひら返し」で抱える	✕	腕力で引き上げてもうまくいかず、脚力も使って引き上げることになる。
	○	背中と腕とを連動させ、体幹でも抱える。
原則3 骨盤を低くする	✕	せっかく座っていたのに、うまく動かせずに腰を上げてしまう。
	○	ベッドに座り続けることで、骨盤の位置が一定の高さに保たれる。
原則4 一体化する	✕	立ち上がってしまうと、利用者と離れて、一体化できない。
	○	膝を利用者の膝の裏に差し入れることで、骨盤が近づき、一体化する。

② 車いすからベッドへの移乗
（ベッドに座って行う方法）

　車いすからベッドに移乗するときも、1）とほぼ同じです。介助者が座った状態から始めれば、中腰の状態で支えがないまま始めるより、ずっと安定した環境で介助ができます。利用者が前傾し、骨盤が浮いてきたら、半回転するようにして移乗します。

　ベッドの上で半回転するような動きは、骨盤がベッドにどっしりと固定されているような状態では身動きがとれないので、介助者自身もやや前傾し、骨盤が少し浮いている状態を保ちながら半回転します。これは、【原則1：踏みしめない】の応用です。踏みしめないというと足元だけを意識しがちですが、ここでも「踏みしめない（どっかりと座らない）」ことがポイントになります。この場合、土台になるのは足元というより骨盤なので、骨盤も「踏みしめない」。そう捉えると、技術の応用もしやすくなると思います。

　これは、股関節の動きが引き出しにくく、足腰が不安定な介助者に有効な方法です。決して特別な技術ではないことを強調しておきたいと思います。

✕ 足元を踏ん張り、
上方に持ち上げている

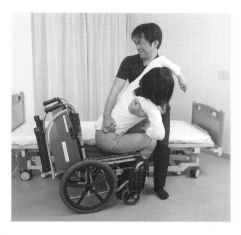

○ 車いすからベッドへの移乗

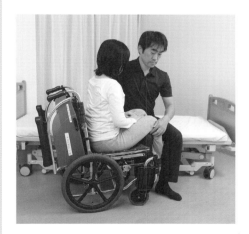

1 ベッドに座り、利用者の両膝の裏に片膝を差し入れる。

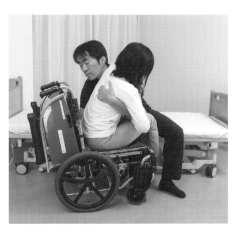

2 背中と腕を連動させ、利用者の背中と骨盤を抱え、一体化する。

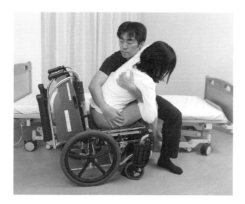

3 利用者の前傾を促す。

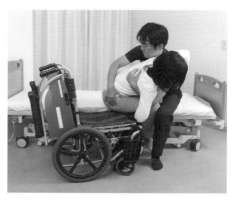

4 一体化したまま、利用者の骨盤が上がるタイミングで、移乗する。

5 上半身を起こし、座位を整える。

＼ 原則のチェック ／

原則1 踏みしめない	✕ 足元を踏ん張ると、利用者を引き上げて移乗することになる。 ◯ 介助者も前傾し、骨盤を動かしやすくする（「踏みしめない」の応用）。
原則2 「手のひら返し」 で抱える	✕ 腕力で引き上げてもうまくいかず、脚力も使って引き上げている。 ◯ 背中と腕とを連動させ、体幹でも抱えている。
原則3 骨盤を低くする	✕ せっかく座っていたのに、うまく動かせずに腰を上げている。 ◯ ベッドに座り続けることで、骨盤の位置が一定の高さに保たれる。
原則4 一体化する	✕ 立ち上がってしまうと、利用者と離れて、一体化できない。 ◯ 膝を利用者の膝裏に差し入れることで、骨盤が近づき、一体化する。

③）車いすからベッドへの移乗（床に膝をつく方法）

　カーペットや畳の環境で、全介助が必要な利用者の車いすからベッドへの移乗介助を行う場合は、片膝をつく方法も有効です。利点としては、中腰の姿勢で行うよりも、【原則３：骨盤を低くする】を楽に実践できる点が挙げられます。

　ただし、形だけを真似してもうまくいかないことがあります。この技術のもっとも重要なポイントは【原則４：一体化する】の活用にあります。失敗例を見ると、一見どこが失敗なのか、ほとんど見分けがつきません。しかし、よく見ると、膝をしっかりと差し入れておらず、利用者の太腿と介助者の骨盤が離れています。これでは、一体化が不十分で、介助者の動きや力が伝わりにくく、力任せの介助になりがちです。

　そこで、しっかり膝を差し入れ、利用者の太腿に介助者の骨盤をぴたりとつけることで、この体勢での一体化を行います。一体化ができれば、他の原則も本来のはたらきができるようになり、結果として技術が向上します。

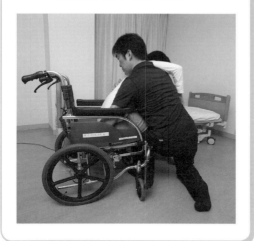

✕　膝をしっかりと
　　差し入れていない

◯ 車いすからベッドへの移乗

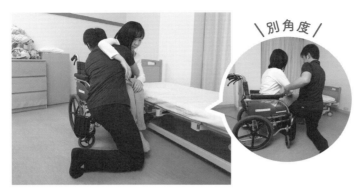

\別角度/

1 利用者の両膝の裏に片膝を差し入れ、肩に腕をかけてもらう。

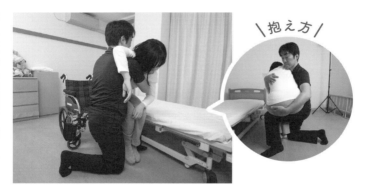

\抱え方/

2 背中と腕を連動させて利用者を抱え、利用者の前傾を促し、つま先を動かしながら回転する。常に一体化を意識する。

3 前傾を維持しながら、膝をベッドにつけて利用者をベッドに下ろす。

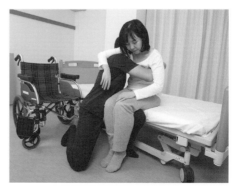

4 上半身を起こして、座位を整える。

＼ 原則のチェック ／

原則1 踏みしめない	✕ つま先と膝に荷重をかけすぎていると、踏みしめているのと同じ状態になる。
	◯ つま先と膝に荷重をかけすぎず、動かしやすい状態を保つ。
原則2 「手のひら返し」で抱える	✕ 一体化が不十分だと、抱える際に力みが生じやすい。
	◯ 利用者を膝に乗せ全身を抱えるため、肩甲骨を広げ、腕の長さを引き出す。
原則3 骨盤を低くする	✕ 片膝をついて骨盤を下げても、一体化が不十分だと不安定になる。
	◯ しっかりと一体化できていると、骨盤が低い位置で安定する。
原則4 一体化する	✕ しっかりと膝を差し入れていないと、互いの骨盤が離れ、一体化できない。
	◯ 膝をしっかり差し入れていると、互いの骨盤が近づき、一体化できる。

④〉 床からいすへの移乗

　床からいすや車いすに移乗するには、さまざまな動き方がありますが、重度の利用者の場合は、とにかく【原則4：一体化する】を徹底し、介助者の動きを伝えることが重要です。

　なるべく利用者に近づくために、介助者の膝を利用者の膝の裏に差し入れ、一方の手で、利用者の両脇の下から背中を抱え、もう一方の手は骨盤を抱え、隙間なく一体化します。そこから、介助者が上半身を後傾すると、利用者の骨盤が上がってきます。そのタイミングで両膝を閉じると、利用者の骨盤が介助者の太腿に乗り、さらに一体化が高まります。

　次に、介助者が前傾しながら、骨盤が上がったタイミングで片膝を立てると、その上に利用者が乗り、いすと平行になります。膝からの垂直線を保ったまま、つま先をふると、利用者を乗せたままでも、楽に回転が起こり、いすに移乗することができます。

　一体化のなかでも、互いの骨盤が動作の過程で離れないことが特に重要です。骨盤が離れてしまうと、一体化が解かれ、二人分の別々の身体に戻ってしまうからです。

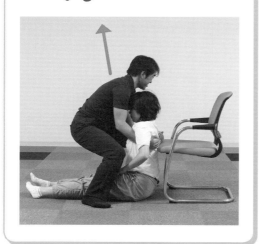

✕ 腰を中心に、腕の力で垂直方向に引き上げている

○ 床からいすへの移乗

1 利用者の両膝の裏に膝を差し入れ、背中と腕を連動させて利用者の背中と骨盤を抱え、一体化する。

2 介助者が上半身を後傾させると、利用者の骨盤が上がってくる。

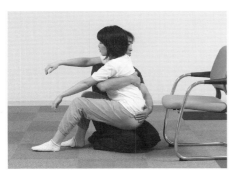

3 利用者の骨盤が上がったタイミングで
両膝を閉じて利用者を太腿の上に乗
せ、より一体化する。

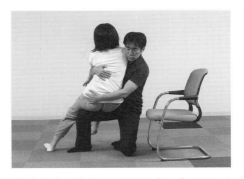

4 介助者が前傾し、骨盤が上がったタイ
ミングで片膝を立てる。つま先を左右
にふり、回転していすに近づいていく。

5 いすを引き寄せ、ゆっくりと利用者を
下ろす。

＼ 原則のチェック ／

原則1 踏みしめない	✕ 足元を踏みしめると、脇を抱えて、上に持ち上げてしまう。
	◯ 踏みしめないことで、いすに移乗するまでの一連の動作が可能になる。
原則2 「手のひら返し」 で抱える	✕ 腕力中心に引っ張り上げ、無理に立ち上がらせてしまう。
	◯ 肩甲骨を広げ、腕が長い状態で背中と骨盤を抱える。
原則3 骨盤を低くする	✕ 骨盤の位置が高いまま構えていると、利用者の動きを引き出しにくい。
	◯ 正座した太腿の上に利用者を乗せてから片膝を立てると、骨盤が低い まま保たれる。
原則4 一体化する	✕ 利用者と近づいても、互いの骨盤が離れていると、一体化できない。
	◯ 利用者の骨盤が膝の上に乗ることで、互いの骨盤が近づき、一体化する。

4 二人でベッドや床から抱え上げる介助

1) ベッドからの抱え上げ（二人介助）

　全介助が必要な利用者を寝たままの状態で、介助者二人で抱え上げようとすると、しばしば実際の体重以上に重く感じることがあります。これは、腰を中心に腕力で吊り上げる状態で、介助者に大きな負担がかかるだけでなく、利用者にも負担と不安を与えてしまいます。

　ここでは、【原則２：「手のひら返し」で抱える】を応用して活用します。手を自然に差し入れ、指先の一つひとつの関節を順に曲げ、さらに手首、肘、肩と順に曲げていくと自然に肩甲骨が左右に広がり、背中と腕の間の適度な張りが生じます。ゆるみをなくすことによって背中の筋肉の大きな力を腕まで伝えることができるようになるのです。

　「手のひら返し」の抱え方と手順は違いますが、背中と腕の連動性を高め、背中の大きな筋肉を使うという本質に変わりはありません。腕力中心に抱え上げる場合と比べ、楽で安心感のある介助を行うことが可能になります。

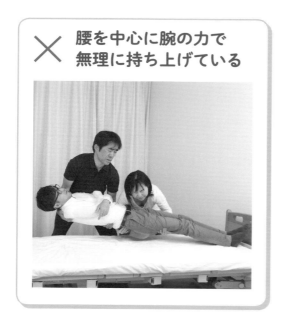

✕ 腰を中心に腕の力で無理に持ち上げている

◯ ベッドからの抱え上げ

1 股関節を曲げて、膝とつま先を広げながら腰を下げる。背中と腕を連動させて利用者をしっかり抱える。このとき、一体化を意識する。

2 背中の適度な張りを保ちつつ、つま先と膝を閉じながら立ち上がる。

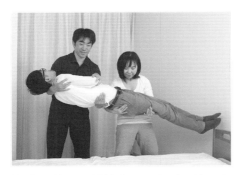

3 楽に抱え、維持することが可能になる。

4 下ろす際は、再び股関節を曲げて、膝とつま先を広げながら腰を下げていく。

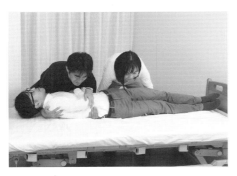

5 利用者との一体化を保ったまま、ゆっくり下ろす。

原則のチェック

原則1 踏みしめない	✕ 足元を踏みしめ、位置を変えないまま上下動すると、脚力を十分に発揮できない。 ◯ 股関節とつま先を広げて骨盤を下げ、立つときは、股関節とつま先を閉じる。
原則2 「手のひら返し」で抱える	✕ 腕力だけで抱えようとすると力が不足し、腰で吊り上げるようになる。 ◯ 手を自然に差し入れ、指、手首、肘、肩の順に曲げて肩甲骨を広げる。
原則3 骨盤を低くする	✕ 足元を固めたままでは、骨盤が下げきれず、腰が引けた構えとなる。 ◯ 股関節とつま先を広げて構えると、骨盤が下がり、抱えやすくなる。
原則4 一体化する	✕ 骨盤が高い位置で構えていると、利用者に近づくことができない。 ◯ 骨盤を下げ、胸から腹で包み込むように抱えることで、一体化する。

2) 床からベッドへの移乗（二人介助）

1）のようにベッド上で抱える場合は、中腰でも行えますが、床から抱え上げる場合は、しゃがまなければできません。身体の使い方の工夫が、より一層、要求されるからこそ、単なる力任せではなく、技術として行う視点が求められます。ここでも【原則4：一体化する】が技術の中心として活用されます。

「一体化」ができていない場合は、二人の介助者が利用者の脇や足をそれぞれ持ち、骨盤を高く構えて、腰を中心に腕の力だけで持ち上げることになります。垂直方向に持ち上げるため、利用者と介助者の骨盤が離れてしまい、3人が離ればなれの状態で、一体化からはほど遠い状態になってしまいます。

3人が一体化するコツは、利用者の骨盤に二人の介助者の骨盤をなるべく近づけることです。3つの骨盤が一つになるイメージです。具体的には、利用者の上半身を抱える介助者は、垂直方向に持ち上げるのではなく、少し斜め上方向に、介助者の骨盤を利用者の骨盤に押しつけるような感じで持ち上げます。足を抱える介助者も、垂直方向ではなく、斜め方向に押すようにします。その結果、一体化を保ちやすくなります。

✕ 骨盤が離れた状態で、腰を中心に腕の力で吊り上げている

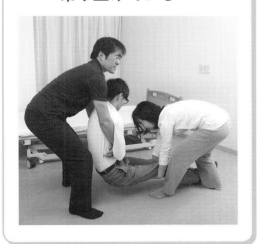

◯ 床からベッドへの移乗（二人介助）

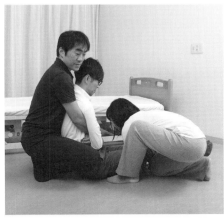

1 背中と腕を連動させ、利用者の後ろから手を差し入れ、一方の手をつかむ。もう一人は、同様に、利用者の太腿を抱える。

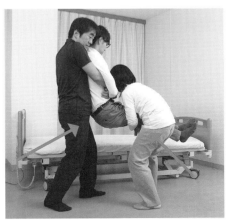

2 介助者二人が利用者の骨盤に近づくように、立ち上がる。

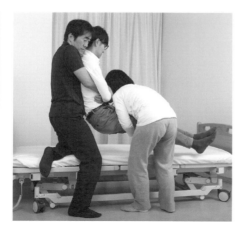

3　一体化を維持したまま移動し、先に、後方の介助者がベッドに片膝をつく。

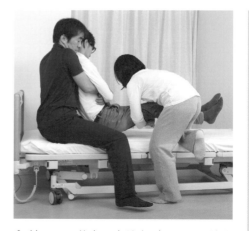

4　続いて、前方の介助者がベッドに膝をつき、利用者をゆっくり下ろす。

＼ 原則のチェック ／

原則1 踏みしめない	✕ 足元を固めていると、骨盤の位置が高いまま構え、引き上げる動作しかできない。 ◯ 足元を固めていなければ、ベッドまでの一連の動作時に足を動かしやすい。
原則2 「手のひら返し」で抱える	✕ 腕力で抱え、腰を中心に吊り上げるなど、部分的な力しか使えない。 ◯ 肩甲骨が広がり、背中と腕とが連動しているため、動作中、力を持続できる。
原則3 骨盤を低くする	✕ 股関節の動きを出せないと、骨盤を十分に下げることができない。 ◯ 股関節から、膝とつま先を広げることで、しっかりと骨盤を下げた構えとなる。
原則4 一体化する	✕ 二人の介助者と利用者の骨盤が離れすぎていると、一体化できない。 ◯ 利用者の骨盤に二人の介助者の骨盤を近づけ、3人が一体化する。

足の力をどうみるか？

　介護の現場で、「この方は、どのくらいご自分で動けますか？」とか、「どのくらい足の力がありますか？」などと質問すると、「まったく動けません」という答えが返ってくることがとても多いと感じます。もちろん理学療法士（PT）や作業療法士（OT）の検査法もありますが、利用者一人ひとりに適した介助方法を展開するためにも、介護職自身が、その人の力をきちんと把握しておくことが大切です。

　たとえば、いすに座っている状態で足を上げることができる人は、重力に抵抗してある程度、動きが出せると考えることができます。「立つ」ためには、重力に抵抗して動く必要があります。座位で足が上がるくらいでは上半身の重さを背負ったまま立つことはむずかしいですが、介助者の支えや、手すりなどを活用することで、立位の可能性があるという目安になります。

　また、座位でつま先を前にすべらせることができる人は、重力の影響を除いた状態であれば足を動かせる可能性があります。つま先を前に出せるということは、膝を伸ばすことができるので、その先の「立つ」という動きの可能性も見えてきます。

　常に「どのくらい動けるのか」「その動きの先にどのような可能性があるのか」という視点で利用者の状態を把握できると、かかわり方や介助の方法も変わってくると思います。

著者紹介

岡田慎一郎（おかだ・しんいちろう）

介護福祉士・理学療法士

1972年茨城県生まれ。
身体障害者、高齢者施設に勤務し、独自の身体介助法を模索するなか、古武術の身体運用を参考にした『古武術介護入門』（医学書院、2006年）を刊行し反響を呼んだ。近年は介護、医療、リハビリテーション、消防・救命、育児支援、教育、スポーツなど、幅広い分野で身体を通した発想と実践を展開し、講演、執筆、メディア出演、企業アドバイザーなど多岐にわたる活動を国内外で行う。
著書に『あたりまえのカラダ』（イースト・プレス、2013年）、『あらゆる状況に対応できる　シンプル身体介助術』（医学書院、2017年）など多数。

● ホームページ「岡田慎一郎公式サイト」
　http://shinichiro-okada.com/

● YouTubeチャンネル「岡田慎一郎の研究室」
　https://www.youtube.com/channel/
　UC3Q9OHiM79nm5RTgD5bB_8A

4つの原則で極める！
身体を痛めない介護術

2021年7月20日　初　版　発　行
2024年3月1日　初版第2刷発行

著　者　　岡田慎一郎
発行者　　荘村明彦
発行所　　中央法規出版株式会社
　　　　　〒110-0016　東京都台東区台東3-29-1　中央法規ビル
　　　　　TEL 03-6387-3196
　　　　　https://www.chuohoki.co.jp/

装丁・本文デザイン　　澤田かおり（トシキ・ファーブル）
写真　　　　　　　　　安部俊太郎
イラスト　　　　　　　藤田侑巳
印刷・製本　　　　　　株式会社ジャパンマテリアル

定価はカバーに表示してあります。
ISBN978-4-8058-8358-7